KB150906

마음출구 있음_YOU TURN

힐링닥터 사공정규의 유턴처방전

[목 차]

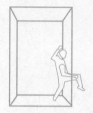

행복으로 U턴할 기회는
바로 지금

한 나무꾼이 뭉툭한 도끼로 땀을 흘리며 나무를 무척 열심히 베고 있습니다. 지나가는 나그네가 나무꾼에게 권하지요.

"도끼날이 뭉툭하니, 도끼날을 갈고 나무를 베시죠."

그러자 나무꾼이 대답합니다.

"제가 너무 바빠서 도끼날을 갈 시간이 없어요."

이 나무꾼은 어리석은 사람일까요, 지혜로운 사람일까요?

이 질문에 미국 제16대 대통령 에이브러햄 링컨의 말로 대신하겠습니다.

"나무를 베는 데 여섯 시간이 주어진다면, 나는 도끼를 가는 데 네 시간을 쓰겠다."

우리 모두의 인생 목표는 행복하게 사는 것입니다. 그런데 우리는 안타깝게도 어릴 때부터 '행복'하게 살라는 말보다 '열심히' 살라는 말을 더 자주 듣고 자랐습니다. 학생 때는 열심히 공부하고, 직장인이 되어서는 열심히 일하고, 이후에도 힘들더라도 참으면서 열심히 살아야 하는 삶을 강요받았지요. 이처럼 열심히 살고 있는 우리의 모습도 어쩌면 바쁘다는 핑계로 뭉툭한 도끼날을 갈지 않고 나무를 베고 있는 어리석은 나무꾼과 같지 않을까요?

그런데 적어도 나무꾼은 뭉툭한 도끼로 땀을 흘리고 있지만 방향은 제대로 가고 있습니다. 하지만 우리는 자신뿐만 아니라 우리가 우리 부모로부터 귀에 딱지가 앉도록 주문받은 '열심히'를 내 아이에게 그대로 주문하면서, 아이들의 삶까지 다른 방향으로 몰아가고 있습니다.
제가 상담을 하며 안타까운 부분은 자신의 아이를 불행으로 내몰고 있다는 것조차 모르는 부모들이 생각보다 훨씬 많다는 점입니다.

지금도 우리 사회는 일류 명문대를 나와야만 출세할 수 있는 분위기이고, 출세는 차치하고 밥이라도 먹고 살려면 명문대를 나오는 것이 훨씬 유리한 것도 사실입니다. 그래서 '열심히' 공부해 서울에 있는 대학을 나와야만 '행복'을 위한 필요조건이 채워지는 것으로 많이들 생각하지요.

하지만 사람은 저마다 소질이 다르고 타고난 재주도 다릅니다. 이걸 무시하고 일류 명문대를 졸업해서 하기 싫은 일을 평생 직업으로 가지고 살아야 한다고 상상해보세요.

이런 현실이 우리나라 청소년들의 행복지수를 경제협력개발기구(Organization for Economic Cooperation and Development, OECD) 국가 중 최하위라는 불명예를 안게 했습니다. 이는 마치 도끼로 나무를 베고 있는 것이 아니라 바위를 내리치고 있으면서도 그것이 나무인지 바위인지도 모르는 것과 같습니다.

그럼에도 불구하고 희망적인 부분은 우리 사회가 성적 지상주의와 맹목적 성공지향에서 행복지향으로 나아가고 있고, 개인도 삶의 경험을 통해 행복은 성적순이 아님을 깨달았다는 점입니다. 이제 문제는 행복으로 가는 방향을 찾는 것입니다.

여러분은 혹 목적지와 반대 방향의 열차를 탄 적이 있나요? 동대구역에서 서울로 가기 위해 서울행 기차를 타야 하는데, 반대 방향인 부산행 기차를 탔다고 생각해 보자고요. 탈 때는 몰라도 차창 밖의 풍경을 보면 금세 알아차릴 수 있지요. 그럼 어떻게 할까요? 알아차린 순간, 다음 역에서 내리면 됩니다. 그리고 목적지 방향으로 갈아타는 거지요.

인생도 이렇게 쉽고 간단하면 얼마나 좋을까요? 그런데 내 인생이 행복으로 가고 있는지, 불행으로 가고 있는지 알아차리기는 쉽지 않습니다. 왜냐하면 우리는 열심히 사는 법에는 익숙한 데 반해 행복하게 사는 법은 배우지도 생각해보지도 못했으니까요. 그런 상태에서 우리 마음이 느끼는 감정의 풍경으로는 우리 삶이 바른 방향인지 틀린 방향인지 알기가 어렵다는 얘깁니다.

그런데 다행인 것이 우리 마음은 감정을 통해 여러 가지 신호를 보내고 있습니다. 만약 지금 당신이 스스로든 타인으로부터든 비난, 경멸, 조롱 등으로 스트레스에 시달리거나 마음이 우울하고 불안하고 답답해 미칠 지경이라면 그건 분명 불행하다는 시그널이니 지금 당장 U턴해야 합니다.

'YOU TURN.'

열심히 사는 것도, 힘들 때 힘을 내는 것도 중요합니다. 하지만 그렇게 살아낸 것은 그 누구도 아닌 '나'의 행복을 위해서였다는 걸 잊어서는 안 됩니다. 지금 '내'가 행복하지 않다면 먼저 나를 만나는 시간부터 갖는 게 어떨까요? 무엇이 나에게 행복으로 나아가는 생각인지, 감정인지, 행동인지. 사실 우리를 좌우하는 것은 다른 누군가가 아니라 바로 내 마음입니다.

직장 동료 때문에 마음이 힘든가요? 연인이나 배우자가 서운하게 하나요? 자녀들이 더 이상 말을 듣지 않아 배신감을 느끼나요? 그렇다면 저의 'U턴 처방전'이 도움이 될 것입니다.

행복의 문은 내 마음을 아는 만큼 열립니다. 우리의 삶을 막무가내로 뒤흔들어 순식간에 천당과 지옥을 경험하게 할 만큼 힘이 센 마음도 정교한 뇌과학의 메커니즘으로 작동한다는 것을 알면 누구나 쉽게 그 문을 열 수 있습니다.

'EXIT.'

끝으로 오늘의 나를 있게 해주신 하늘에 계신 아버님, 어머님께 무한한 존경과 사랑을 전합니다. 늘 한결같은 헌신적인 사랑으로 함께 해주는 아내와 언제나 나를 응원해주는 사랑스런 아들 민석, 딸 지현에게 감사와 사랑을 전합니다. 존경하는 나의 스승님들, 그리고 항상 나를 깨우쳐 주시는 많은 분들과 나와 함께하는 모든 이들에게 감사드립니다.

저의 칼럼들을 보고 책 출간을 제안해주신 가디언 신민식 대표님, 편안하게 글을 다듬어주신 신현숙 팀장님, 멋진 디자인으로 책을 돋보이게 해주신 미래출판기획의 이옥란 대표님 덕분에 출판의 즐거움을 느낌에 감사드립니다.

무엇보다 이 글을 읽고 계시는 독자께 깊은 감사와 사랑의 마음을 전합니다. 모쪼록 이 책이 행복으로 U턴할 수 있는 신호등이 되길 소망합니다.

2023년 9월
대구 나의 서재에서
사공정규

1장

마음은
뇌과학입니다

Q

"과거 또는 현재에 당신에게
스트레스를 준 사람이 있나요?"

A

Q

"당신이 다른 사람에게
스트레스를 준 적은 없나요?"

A

_____
_____
_____
_____
_____
_____
_____
_____
_____
_____
_____
_____
_____

기울어져 있는 뇌 운동장

여러분이 거리를 걷고 있는데 길 건너 버스 정류장에 서 있는 친구가 보입니다. 너무 오랜만이라 반가운 나머지 당신은 부끄러움을 무릅쓰고 큰 소리로 그의 이름을 불러요. 친구도 분명 이쪽을 본 것 같은데, 당신에게 화답하지 않고 버스를 타고 가버립니다. 그러면 어떤 기분이 들까요?

'저 사람 뭐지?' 하고 쳐다보는 사람들 시선에 일단 부끄러울 테고, 친구가 나를 무시했다는 생각에 서운하고 화가 나겠죠.
그러나 나중에 그 사람이 사고를 당해 청력을 잃었다는 사실을 알게 된다면, 오히려 미안한 마음이 들 겁니다. 만약 그 사실을 미리 알았다면 적어도 화나는 일은 없었겠지요.

이 상황을 정신의학적으로는 '중립사건(neutral event)'이라고 합니다. 그런데 인간은 중립적이거나 애매한 사건에 일단 부정적으로 반응하는 경향이 있어요. 이를 정신의학적으로 '부정성편향(negativity bias)'이라 합니다.

왜 인간은 부정성편향을 가질까요?

원시시대 인류의 이야기로 거슬러 올라가볼까요? 밀림에서 사람들이 즐겁게 놀고 있습니다. 그때 저 멀리 숲속에서 부스럭거리는 소리가 납니다. 한 부류는 맹수가 다가온다고 생각해 미리 피했고, 또 한 부류는 대수롭지 않게 생각해 그곳에서 하던 놀이를 계속했지요.

두 부류 중 어떤 쪽이 생존할 가능성이 높을까요? 부스럭거리는 소리를 맹수라고 부정적으로 생각하고 미리 피했던 쪽이 더 생존할 가능성이 높을 것입니다.

부정적으로 생각하고 피신하는 것은 나름 합리적인 선택입니다. 긍정적으로만 생각하다 위험을 알아차리지 못할 경우 목숨을 내놓아야 할 수도 있기 때문이지요. 혹 그 부스럭거리는 소리가 맹수가 아니었다 해도, 놀이를 더 못 했다는 아쉬움을 느낄 수는 있지만 죽을 일은 없습니다.

우리는 이처럼 생존한 자들의 후예입니다. 중립적이거나 애매한 사건에 부정적으로 반응하는 경향은 원시시대처럼 직접적 위험에 많이 노출된 환경에서 생명을 지켜내고자 한 생존 본능에서 기인한 뇌의 방어기제입니다. 인간의 뇌는 안전을 보장받지 않는 상황이라면, 변연계, 특히 편도체가 일단 이를 위험 인자로 느끼게 해서 피하도록 해줍니다. 거친 자연환경을 마주하며 언제라도 자신의 목숨을 걸어야 했던 인간은 생존을 위해 일단 부정적으로 반응하도록 진화되어왔고, 그것이 현대를 살아가는 우리의 뇌에 집단 무의식으로 아로새겨져 있는 것이지요.

사실, 숲속에서 부스럭거리는 소리는 맹수가 아닐 가능성이 훨씬 높습니다. 바람 소리일 수도 있고 아주 작은 동물이 지나가는 소리일 수도 있고요. 많은 경우 크게 위험한 상황이 아닐 가능성이 더 높지요.

현대에는 원시시대와 같이 맹수가 나타나서 목숨을 잃을 일은 사실상 거의 없습니다. 목숨을 위협할 정도의 사건도 인생에서 한 번 일어날까 말까 할 정도지요. 그러나 인간의 뇌가 진화하는 속도는 시대의 변화 속도를 따라가지 못합니다. 그래서 시대가 변했어도 우리의 뇌는 여전히 부정성편향 속에서 살고 있는 거지요.

이같이 우리는 중립 상황이나 애매한 상황을 부정적으로 사고하고 해석합니다. 또 긍정적인 정보와 부정적인 정보를 동시에 접하게 되었을 때, 긍정적인 것보다 부정적인 내용에 더 강하게 반응하지요. 예를 들면, 우리는 웃는 얼굴보다는 화난 얼굴, 타인의 선한 행동보다는 악한 행동, 좋은 소식보다는 나쁜 소식, 칭찬보다는 비판, 긍정적 경험보다는 부정적 경험에 더 반응하는 거죠.

그렇다면, 우리의 뇌에 아로새겨져 있는 부정성편향을 어떻게 이해하고 활용하면 좋을까요?

먼저 부정적 사고와 감정들은 '기울어져 있는 뇌 운동장' 때문이라는 것을 알아차리는 데에서 출발해야 합니다. 우리의 부정적 사고와 감정은 병리적인 반응이 아니라 생존 본능에서 유래한 일반적이고 정상적인 반응이라는 점을, 또한 사실이 아닐 가능성이 훨씬 높다는 것을 깨닫는 것이 중요합니다. 기울어진 뇌 운동장에서 자신, 타인, 세상, 미래를 바라보는 것이므로, 이 기울어진 경사 값을 제거하고 바라보아야 사실에 근접할 수 있습니다.

특히 정신적 스트레스의 과부하에 시달리고 있는 현대인들은 과거에 대해 부정적으로 해석할 가능성이 높고 그에 따라 우울감을 느끼고 다가오는 미래를 부정적으로 볼 수 있습니다. 그러나 우울감과 불안감의 대부분은 우리가 두려워할 병리적인 것이 아니며 누구나 겪을 수 있는 일반적이고 정상적인 반응입니다.

극심한 부정적 사건을 겪으면 그 영향으로 외상 후 스트레스장애(Post-

Traumatic Stress Disorder, PTSD)가 올 것이라 흔히 생각하지만, 외상 후 성장(Post-Traumatic Growth, PTG)을 더 많이 이룹니다. 같은 일을 겪더라도 새로운 해석, 새로운 의미 부여를 통해 우리는 더 나은 내가 될 수 있습니다.

Q 최근 7일 동안 어떤 사건이나 상황을 부정성편향으로 바라보고 불편함과 불쾌감을 느낀 경험이 있나요? 생각해봅시다.

U턴 처방전

검은색 렌즈의 선글라스로 세상을 보면 세상은 어둡게 보입니다. 무색 렌즈로 바라보아야 있는 그대로의 세상을 볼 수 있습니다. 기울어진 뇌 운동장에서 자신, 타인, 세상, 미래를 바라보면 부정성에 가득 찬 세상입니다. 무조건 긍정적 시각으로 보자는 것이 아니라 기울어진 경사값을 제거하고 바라보아야 쓸데없는 스트레스 반응을 줄일 수 있습니다.

긍정성 부정성
4 대 1의 법칙

평소 학생들의 수업에 열과 성을 다하는 명망 있는 교수가 급성충수염(맹장염)으로 수술을 받기 위해 입원했습니다. 교수는 조교를 통해 자기 강의를 수강하고 있는 학생들에게 상황을 설명했고, 퇴원 후에 빠진 부분을 보강했습니다.

그런데 학기가 끝나고 그 교수는 학생들의 강의평가서를 읽다가 당황스러운 글을 보게 됩니다.

"입원하려면 미리 알리든지. 계획 없이 수업을 취소하다니 무책임합니다."

교수는 학생이 쓴 그 글을 보고 매우 큰 배신감과 분노를 느낍니다. 물론 대다수의 학생들은 "교수님 건강하세요.", "교수님 아프지 마세요.", "한 학기

동안 감사했어요.", "좋은 강의 잘 들었어요." 등 응원과 감사의 글을 남겼지요. 그런데도 교수는 단 한 명의 학생이 남긴 부정적인 글에 상처를 받았고, 그 글이 계속해서 머릿속을 맴돌았습니다.

이처럼 우리는 응원하는 사람들이 몇 배나 많아도 단 한 사람의 비난에 크게 상처받고 쉽게 헤어 나오지 못하는 경험을 합니다. 이것 역시 앞에서 언급했던 부정성편향 때문이지요.

우리는 대부분 칭찬보다 비판에 더 큰 영향을 받고, 타인의 웃는 얼굴보다 화난 얼굴에 더 민감합니다. 또 좋은 경험보다 부정적인 경험이 더 강하고 오래 남고, 자신의 장점보다 단점에 더 신경이 쓰입니다.

그럼 부정성편향을 염두에 두고, 이 교수의 사례를 다시 조목조목 살펴봅시다.

"계획 없이 수업을 취소하다니 무책임합니다."라고 말한 학생의 말은, 조교를 통해서 그 교수의 상황을 알렸다고 했으나, 그 학생이 조교의 말을 듣지 못했거나 내용이 제대로 전달되지 않았을 것으로 추측할 수 있습니다. 그렇지만 학생의 표현 수위도 조금 과한 부분이 있지요.

또한, 제대로 알고 있었거나 내용을 이해했음에도 불구하고 이런 과한 표현을 썼다면, 그것은 타인에 대한 공감 부족과 상대의 입장을 이해하지 못해 남을 비난하는 학생의 문제이지 교수의 문제는 아닙니다. 따라서 그 학생의 태도를 안타까워해야 할 문제이지 교수 자신이 배신감과 분노로 자책할 문제는 더더욱 아니라는 거지요.

그러니 부정적인 평가를 한 학생 때문에 오랫동안 분노의 감정을 갖고 있기보다 응원해준 많은 학생들에게 감사의 답글을 쓰는 것이 훨씬 현명한 대응일 수 있겠지요.

그렇다면, 부정성의 힘(The Power of Bad)은 긍정성의 힘(The Power of Good)보다 얼마나 더 강력할까요?

뇌과학 연구에 따르면 변연계(limbic system)에서 일어난 부정적 감정을 전전두엽 피질(prefrontal cortex)에 전달하는 정서의 네트워크가 전전두엽 피질에서 변연계로 보내는 부정적 감정을 억제하는 이성의 네트워크보다 3배 더 많다고 합니다.

'부정성의 힘'을 연구한 로이 바우마이스트는 '부정적인 것 하나를 극복하려면 네 가지 긍정적인 것이 필요하다.'는 긍정성 대 부정성 비율 4 대 1을 주창한 바 있습니다.

한편, 미국 워싱턴대학교 심리학과 존 고트먼 교수는 10년 동안 700쌍의 부부를 대상으로 부부의 대화를 조사했는데 행복한 부부관계를 위해서는 부부간 대화에서 '칭찬과 비난의 비율'이 5 대 1이 되어야 한다고 주장했지요.

인간관계는 가까울수록 더 신경 쓰고 아껴야 합니다. 가까울수록 상대의 단점을 건드리지 말고 자존심을 할퀴지 말고 비난하지 말아야 합니다. 가까울수록 장점을 말하고 존중하고 칭찬해야 합니다.

누구나 대인관계에서 크든 작든 상처받은 경험이 있을 겁니다. 늘 좋았던 관계가 상대의 날카로운 말 한마디나 행동에 의해 상처가 되어 돌이킬 수 없는 관계가 된 경험도 있을 것입니다. 어쩌면 그렇게까지 갈 일은 아니었는데, 우리 뇌에 있는 부정성편향 때문에 과대평가하고 과대반응한 결과는 아닐까요?

마찬가지로 내가 다른 사람에게 상처를 준 경험은 없는지 살펴보는 것도 중요합니다. 내가 의도했든 아니든 내가 누군가에게 상처를 받듯 나도 누군가에게 상처를 줄 수 있으니까요. 만약 내가 내 주위 사람들에게 상처 주는 말이나 행동을 한 번 했다면, 이를 만회하기 위해서 최소 4~5번은 잘해줘야 합니다. 만약 상대방에게 잘못한 게 있다면, 만회의 이벤트를 하기보다 가장 먼저 진심을 담은 사과를 해야 합니다.

하지만 대인관계에서 이보다 더 좋은 것은, 좋은 말 좋은 행동을 해주는 것보다 상대방이 싫어하거나 상처 주는 말 또는 행동을 하지 않는 것입니다.

단 한 번의 부정적인 말과 행동이 상대에게는 치명적으로 다가가기 때문입니다.

특히 감정적으로 상호 영향력이 높은 연인 혹은 부부 사이엔 선물이나 이벤트 등 좋은 행동을 많이 하는 것보다 상대방이 싫어하는 말이나 행동을 하지 않는 것이 좋은 관계에 훨씬 도움이 됩니다. 자녀와의 사이에서도 좋은 부모가 되려고 무리하기보다는 화내고 윽박지르는 나쁜 부모가 되지 않는 것이 좋은 관계를 유지하는 데 훨씬 효과적입니다.

> **Q** 최근 7일 동안 타인의 부정적인 언행 때문에 불편함과 불쾌감을 느낀 적이 있나요?
> 최근 7일 동안 타인에게 부정적인 언행을 한 적이 있나요?
> 생각해봅시다.

 U턴 처방전

부정성의 힘이 긍정성의 힘보다 강합니다. 만약 내가 주위 사람에게 상처 주는 말이나 행동을 한 번 했다면, 이를 만회하기 위해 최소 4~5번 잘해줘야 합니다. 상대방에게 잘못한 게 있다면 만회의 이벤트를 하기보다 가장 먼저 진심을 담은 사과를 해야 합니다. 하지만 대인관계에서 이보다 더 좋은 것은, 좋은 말 좋은 행동을 해주는 것보다 상대방이 싫어하거나 상처 주는 말 또는 행동을 하지 않는 것입니다.

마음출구 있음_ YOU TURN

당신은 무의식의 지배를 받고 있다

여러분은 혹시 '아동기 감정양식(Childhood Emotional Pattern)'이란 말을 들어보셨나요? 아마 관련 분야 공부를 하신 분들이 아니라면 생소할 거예요. 제 진료실을 찾아 괴로움을 호소하는 분들도 대부분은 모른다고 합니다.

대다수가 잘 모르지만, 아동기 감정양식은 우리 삶의 거의 모든 영역에 스며들어 일거수일투족을 지배하는 매우 강력한 양식입니다. 주로 0~6세의 초기 아동기 경험에 의해 형성되어 우리 무의식 속에 또아리를 틀고 있지요.

어렸을 때 가족들로부터 사랑받지 못하고 중요하게 여겨지지 않는다는 '무시감'을 받으며 자란 여성이 있습니다. 그녀의 집안 분위기는 온통 가부장적인 남존여비 문화로 가득 차 있었지요. 할아버지, 할머니, 아버지, 어머니 모두 남동생만 장남이자 아들이라고 우대하고 자신은 차별하는 분위기였습니다. 식사 때도 맛있는 반찬이나 고기는 모두 남동생 차지였고요. 남동생은 안방에서 어른들과 식사를 하고 그녀는 어머니와 마루에서 식사하는 것이 당연한 집안에서 자랐습니다. 그녀의 아동기 감정양식은 '나는 중요하지 않은 존재'라는 '무시감'이 핵심감정으로 자리 잡았습니다.

'무시감'으로 점철된 이런 아동기 감정양식은 '현재 생활 방식'에도 계속 영향을 미칩니다. 예를 들면 이런 거죠. 친한 친구 셋이 만나서 즐거운 대화를 나누다 그중 두 명이 잠깐 자기들끼리 이야기를 나눕니다. 일부러 그럴 의도는 없었는데 이야기를 나누다 보니 두 친구의 공통된 화젯거리가 있었던 거죠. 그러나 그녀는 '둘이 나를 무시해서 자기들끼리만 얘기 한다'는 생각에 사로잡혀 불현듯 기분이 나빠집니다.

아동기 감정양식은 어른이 되어서도 지속적으로 삶을 지배하기 때문에 대인관계에 왜곡 현상이 일어나게 됩니다. 현재의 문제를 과거의 왜곡된 잣대로 보는 거지요. 물론 스스로 이를 인식하기는 쉽지 않습니다. 하지만 왜곡된 부분이 해결되지 않으면 대인관계의 문제는 자꾸 반복됩니다.

아동기 감정양식이 우리 삶에 미치는 영향과 중요성에 대해선 정신분석의

제창자인 프로이트가 이미 언급한 바 있습니다.

"6세 이전의 초기 아동기 경험에서 입은 정신적인 상처가 성장 후에 각종 정신질환을 일으키는 불씨가 된다."

어릴 때의 경험 중에서도 가장 가까운 인간관계인 가족관계가 특히 중요합니다. 어릴 때 부모를 잃고 냉대 속에서 자란 사람, 부모의 끊임없는 불화를 겪고 자란 사람, 부모의 이별이나 사별 등으로 버림받았다는 감정을 가진 채 따뜻한 사랑을 받지 못했다고 느끼는 사람들은 후에 성격적 문제나 각종 불안과 우울, 심지어는 정신병을 일으킬 확률이 그렇지 않은 사람보다 높습니다.

그렇다면 우리는 예외 없이 과거의 아동기 감정양식에 얽매이는 걸까요? 그렇지는 않습니다.

철학자 조오지 산타야나의 유명한 말이 있죠.

"역사의 교훈을 이해하지 않는 자는 그것을 되풀이할 운명에 놓인다."

이 말은 개인에게도 그대로 적용됩니다. 아동기 감정양식을 깨닫고 어린 시절의 경험이 주는 영향에 안주하지 않으려 노력한다면 현실을 현실 그대로 볼 수 있습니다. 이것이야말로 진정한 의미의 '개인 역사 바로 세우기 작업'입니다.

사실 정신 치료도 크게 보면 자신의 개인 역사에서 아동기 감정양식을 깨닫게 하여 그것을 되풀이 하지 않게 하는 작업입니다. 특별히 문제가 있는 사람만 받는 게 아니라, 과거의 경험에 갇혀 있지 않고 자신이 바라는 행복한 삶을 꿈꾸는 모든 이들에게 필요한 것이지요.

> **Q** 평소에 자주 반복되는 부정적인 감정 패턴이 있나요? 그 감정 패턴이 아동기 감정양식은 아닌지 생각해봅시다.

U턴 처방전

서커스단의 어린 코끼리는 자기 힘으로 도저히 끊을 수 없는 쇠사슬에 묶여 지냅니다. 코끼리는 자라 5~7톤의 몸무게가 되어 쇠사슬을 끊을 수 있는 힘을 가지지만, 어릴 때 기억으로 쇠사슬을 끊을 수 없습니다. 아동기 감정양식은 나의 무의식이 됩니다. 그러나 나는 이제 아동이 아닌 어른으로서의 새로운 감정양식으로 살아야 합니다. 이것이 '개인 역사 바로 세우기 작업'입니다.

마음출구 있음_ YOU TURN

트라우마는 삭제되지 않는다

제 진료실을 찾는 분들 가운데 상당수는 과거에 경험한 트라우마(trauma, 마음의 상처)에 힘들어하는 분들입니다.

정신의학에서 트라우마에 대한 관점은 지그문트 프로이트의 '원인론'과 알프레드 아들러의 '목적론'으로 나뉩니다.

프로이트의 원인론에 따르면, 인간은 과거에 있었던 경험의 희생자로, 과거경험의 결과로 일어나는 현재는 통제가 불가능하다고 보는 관점입니다.

아들러의 목적론에 따르면, 현재를 결정하는 것은 스스로의 목적에 합당한 지금 나 자신의 선택이라는 관점입니다.

프로이트의 생각은 '인간은 과거에 일어난 트라우마로 현재를 산다.'는 의미이고, 아들러의 생각은 '과거에 있었던 트라우마가 현재에 영향을 미치는 것이 아니라 지금의 선택으로 현재를 사는 것인데, 즉 인간은 본인이 하고 싶은 목적 또는 마음에 따라 과거 트라우마를 끄집어내어 합리화한다.'는 것입니다.

예를 들면, 어떤 사람이 사회에서 인간관계를 잘 맺지 못하는 이유를 '어릴 때 대인관계에서 학대를 받았기 때문'이라고 해석하는 것이 프로이트의 원인론입니다.
반면 '지금 내가 다른 사람과 관계를 맺고 싶은 마음이 없으므로, 어릴 때 학대를 받은 트라우마를 꺼내는 것'이라고 해석하는 것이 아들러의 목적론입니다.

프로이트는 과거에 관심을 가지고 있는 숙명론에 가까운 반면, 아들러는 현재와 미래에 관심이 있고, 개운론에 가깝습니다.
정도의 차이는 있겠지만, 누구나 마음 한편에 트라우마를 안고 살아가고 있습니다. 그리고 트라우마를 잊고 고통을 잊기 위해 안간힘을 씁니다.

그런데, 여러분 그거 아세요?
트라우마는 잊혀지는 게 아닙니다. 따라서 트라우마를 어떻게 볼 것인지에 대한 관점이 중요합니다.

마음출구 있음_ YOU TURN

이제 제가 독자 여러분에게 질문해볼게요.

"지금까지는 그렇게 사셨지만, 앞으로는 어떻게 살고 싶은가요?"

누구에게나 '상처받은 내면의 어린아이'가 있습니다. 하지만 어른이 된 우리가 아직도 '상처받은 내면의 어린아이'의 '트라우마 덫'에 갇혀 있을 필요는 없습니다. '여섯 살의 나'와 '어른이 된 지금의 나'는 결코 같은 사람이 아닙니다. 여섯 살 아이는 스스로 트라우마의 덫을 빠져나올 힘이 없지만, 이제는 그 덫을 끊어 낼 수 있는 힘을 가진 어른이 되었기 때문이죠.

트라우마가 있다면, 다른 누군가에 의해서가 아니라 어른이 된 나 스스로를 돌봐주어야 합니다. 불쑥불쑥 올라오는 부정적인 감정들을 잊어버리려 하거나 삭제하려 하지 말고, 있는 그대로 바라보되 판단하지 말고 수용하면 됩니다.

마음의 상처가 될 만한 경험은 이미 일어났지만 그 상처에 머물지, 털고 나아갈지는 어른이 된 내가 스스로 선택하는 것입니다. 부모님에게 받은 상처 때문에 자신의 삶이 불행하다고 생각했던 어떤 분은 트라우마를 받아들이고 이렇게 말합니다.

"그동안 제가 제 부모님께 상처를 받았다고만 생각했어요. 그런데 제가 부모가 되고 보니, 저도 제 아이들을 대하는 것이 어른스럽지 못해요. 저희 부모님도 그 당시 당신의 삶의 무게를 감당하지 못했던 것 같아요. 어쩌면 부모님이 제게 상처를 준 것이 아니라, 삶에 찌든 부모님의 모습을 제 스스로 상처라고 해석했을 수도 있겠어요."

"사람은 바뀌지 않는다."는 말을 흔히 하지만, 바뀌지 않는 것이 아니라 바뀌겠다는 결심을 하지 않는 것입니다. 과거의 트라우마에 어떤 의미를 부여하느냐에 따라 그 경험은 고통이 될 수도 있고 깨우침이 될 수도 있습니다. 그리고 무엇을 선택하느냐에 따라 내 삶의 방향도 달라지겠지요.

> **Q** 당신을 괴롭히는 마음의 상처, 트라우마가 있나요?
> 트라우마가 두려워 피하고 있나요?

U턴 처방전

트라우마는 잊혀지는 게 아닙니다. 트라우마를 지우려고 하기보다 트라우마를 어떻게 볼 것인지가 더 중요합니다. 마음의 상처는 이미 일어났지만, 그 상처에 머물 것인지 털고 나아갈 것인지는 나 스스로 선택할 수 있습니다.

웃음의 뇌과학

"웃으면 복이 와요."라는 말이 있습니다. 또 "소문만복래(笑門萬福來: 웃는 문으로는 만복이 들어옴)"라는 말도 있습니다. 너무 많이 들어서 식상한가요? 그렇다면 이건 어떤가요?

"웃어야 할 때 웃지 못하는 사람은 삼류, 웃어야 할 때 웃을 수 있는 사람은 이류, 힘들 때 웃는 사람은 일류이다."

나이 사십이 넘으면 자기 얼굴에 책임을 져야 한다는 말이 있습니다. 태어날 때는 부모가 만든 얼굴이지만, 그다음부터는 자신이 얼굴을 만든다는 얘깁니다. 태어날 때 잘생겼든 못생겼든, 오랜 세월 마음을 어떻게 써 왔느냐가 그대로 얼굴에 드러나게 된다는 것이지요. 아무리 잘생긴 얼굴이라도 늘 화가 나 있는 얼굴, 어두운 그림자가 있는 얼굴이 있습니다. 반대로 썩 잘생긴 얼굴은 아니지만 늘 웃고, 바라보면 나도 모르게 미소 짓게 되는 그런 사람도 있습니다. 어느 쪽에 더 호감을 느끼게 될지는 물어볼 필요조차 없지요.

웃으면 좋다는 건 다들 익숙하게 아는 사실이지만, 많이 웃기엔 우리 현실이 그리 녹록치 않은 것도 사실입니다. 쉬운 것 같지만 또 잘 안 되는 게 웃는 일인 것 같습니다.
그럼에도 불구하고 우리는 많이 웃도록 노력해야 합니다. 웃음이 없는 생활은 얼굴 표정이나 인상에만 영향을 주는 것이 아니라, 정신건강과 신체건강에도 나쁜 영향을 주거든요.

얼굴 근육들을 잘 이완시켜주기만 해도 훨씬 잘 웃을 수 있습니다. 얼굴 근육은 어떻게 이완시킬까요? 편안한 마음으로 얼굴 근육에 힘을 뺀다고 생각하면 될 것 같습니다.

우선, 웃을 때 눈에 힘주면 안 됩니다. 눈에 힘 잘못 주다가 째려본다고 시비를 부를 수 있어요. 코에 힘을 주는 것도 금물인데요. 코 '비(鼻)'자, 비웃음이 되거든요. 실제로도 우리는 비웃을 때 코에 힘을 주어 '흥'이라고 하지요. 설마 입에 힘주는 것이야 괜찮겠지 한다면, 그것도 착각입니다. 입에 힘을 주면 웃음이 나오지 않아요. 입을 쫘악 벌려야 호탕한 웃음의 파안대소(破顏

大笑)가 되고요, 미소 지을 때 입 꼬리가 올라가야 아름답고 시원한 웃음이 됩니다.

웃음은 정신과 신체건강에 도움이 됩니다. 웃음의 의학적 효과는 무수히 많은데, 그중 몇 가지만 소개해보겠습니다.

항 스트레스 효과

우리 몸은 스트레스를 받으면 대개 자율신경 중 교감신경을 지나치게 항진시켜 문제를 일으킵니다. 웃음은 부교감신경을 항진시켜 교감신경의 항진을 상쇄시키고 교감신경 자극으로 인한 긴장을 이완시켜줍니다.

스트레스를 받으면 신경 내분비계에서 스트레스 호르몬인 에피네프린(epinephrine)과 코티솔(cortisol)이 분비됩니다. 그런데 웃음은 에피네프린과 코티솔의 양을 줄이고 엔돌핀(endorphin), 엔케팔린(enkephalin)을 대량 분비시킵니다. 적대감, 분노 등을 누그러뜨리고, 뇌에 쾌감을 줘 스트레스 받을 일도 스트레스가 되지 않게 해주지요.

스트레스를 주는 사람들을 대할 때마다 계속 웃어보세요. 아마 더 이상 스트레스를 주지 않을 겁니다. 왜냐고요? 실성한 줄 알고요. 웃자고 한 말입니다.

면역기능 강화

웃음은 건강의 가장 중요한 요소 중 하나인 면역기능을 증진하고 강화하는 효과가 있습니다. 면역기능은 한마디로 우리 몸의 군대와도 같습니다. 군사력이 강한 나라는 다른 나라가 함부로 대하지 못하는 것처럼, 우리 몸도 면역력이 강해야 병에 잘 걸리지 않고 설사 병에 걸렸다고 하더라도 병과 싸워 이겨내 회복이 빨라집니다. 웃음, 특히 입이 크게 벌어지는 호탕한 웃음은 비록 짧은 순간이라도 항체 생성 효과, 즉 면역력 증가 효과가 3일 이상 지속됩니다.

따라서 하루에 한 번이라도 크게 웃는다면 의사를 멀리할 수 있습니다. 반대로 스트레스를 받아 얼굴을 찡그리면 하루 동안의 면역기능이 훨씬 낮아진다는 사실이 의학적으로 증명되어 있습니다.

주목할 만한 연구 결과로, 모든 관절의 통증으로 고생하는 류머티스 관절염 환자에게 한 시간 동안 재미있는 이야기를 들려주어 충분히 웃게 한 후 확인해보니 면역기능이 현저히 증가한 것으로 나타났습니다. 그뿐만 아니라 원래 류머티스 관절염이란 굉장히 아픈 병인데, 웃는 동안 통증이 사라지는 것도 확인이 되었습니다. 이는 현재까지 개발된 어떤 관절염 약보다 탁월한 효과라고 할 수 있지요. 웃음은 신이 인간에게 내려준 가장 아름다운 명약이라고 말할 수 있겠습니다.

웃음은 의학계에서 실제 치료에도 사용되고 있습니다. 우리나라에서는 드물지만 외국에서는 '웃음요법'이 시행된 지 오랩니다. 어쩌면 수백 가지 강장제보다 여유 있는 마음으로 매일 웃는 것이 건강에 훨씬 유익할지 모릅니다.

유산소운동 효과

또 웃으면 다량의 공기를 흡입해 산소 섭취량과 이산화탄소 배출량을 증가시킵니다. 웃을 때는 복근을 중심으로 근육을 사용하기 때문에, 위와 장을 자극해 소화기관에도 좋은 영향을 주지요. 심장이 힘차게 뛰면서 몸 구석구석까지 혈액을 순환시키고 신선한 산소를 충분히 실어 나릅니다.

스탠포드 대학 윌리엄 프라이 박사는 "웃음에는 제자리 달리기를 하는 것과 같은 효과가 있다."고 했는데, 웃음이 유산소운동 효과도 있다는 말입니다.

이런 의학적 효과 외에도 웃음은 대인관계에의 윤활유 역할도 하지요. "웃는 얼굴에 침 못 뱉는다."라는 속담은 그냥 생긴 말이 아닙니다. 오랜 세월 검증된 결과지요. 내가 먼저 웃으면 상대방도 잘 대해줍니다. 밝게 웃으며 대화를 이어가는 사람에겐 호감이 가지요. 미소가 만연한 얼굴은 더욱 아름다워 보이고 신뢰감도 상승합니다. 밝게 웃는 사람에게는 유대감도 깊어지고 그 밝은 에너지는 주위로 잘 전이되어 좋은 사람이 모입니다. 이렇듯 웃음은 인간관계에도 사회생활에도 도움이 됩니다. 미인계(美人計)보다 미소계(微笑計)가 한 수 위입니다.

웃음은 다다익선, 많이 웃으면 웃을수록 좋습니다.

혹시 '웃을 일이 있어야 웃지.'라고 생각하고 계신가요? 그렇다면 '웃어야 웃을 일이 생긴다.'고 말하고 싶습니다.

안면 피드백 이론(facial feedback theory)에 의하면, 우리의 감정은 얼굴 표정에 영향을 받습니다. 표정을 통해 우리의 감정을 조절하고 원하는 방향으로 이끌 수 있다는 말입니다. 즉 기분이 좋을 때만 웃는 것이 아니라, 웃음으로써 기분을 좋게 만들 수 있습니다.

안 좋은 일이 생겼을 때 웃을 수 있을까요? 웃을 여유조차 없는데 어떻게 웃느냐고 반문할지 모릅니다. 그러나 가장 심하게 고통 받는 순간에도 웃음이 고통을 줄여줄 수 있습니다. 웃음은 몸과 마음이 아플 때 견딜 힘을 주는 엔돌핀, 엔케팔린 같은 뇌신경전달물질이 많이 분비되도록 합니다. 또 행복 신경전달물질인 도파민(dopamine), 세로토닌(serotonin) 분비까지 증가시키죠. 웃음은 마약성 진통제보다 더 강력한 천연진통제이고 어떤 항우울제보다 더 강력한 천연항우울제인 셈입니다.

억지로 웃어도 효과가 있습니다. 억지로 웃어도 얼굴의 근육들이 움직여 뇌에 신호를 보내면 우리 뇌는 웃는 일이 있는 것으로 생각하고 후속 일들을 처리합니다. 우리의 뇌는 진짜 웃음과 가짜 웃음, 실제와 상상을 구분하지 못하기 때문에 억지웃음도 효과가 있음이 의학적으로 증명되어 있습니다.

마음출구 있음_ YOU TURN

그러니 이제부터 기회가 닿는 대로 웃어보면 어떨까요?

덧붙이자면, 보통 아이들은 하루에 400번가량 웃는다고 합니다. 어른들은 평균 14번이라고 하네요. 그런데 이 수치는 서양인 기준이고, 우리나라 사람들은 7번가량 웃는다고 합니다. 우리가 얼마나 웃음을 잃고 사는지 한번쯤 생각해볼 문제입니다.

Q 당신은 오늘 몇 번 웃었나요?

 U턴 처방전

지금 내가 짓는 얼굴 표정이 나의 운명이 됩니다. 여러분은 어떤 표정을 짓고 싶습니까?

사고의 틀을 깨지 못하는
뇌에 대한 변론

인지 심리학자 장 피아제에 의하면 인간이 외부의 지식을 습득하여 적응하는 사고방식에는 동화(同化, assimilation)와 조절(調節, accommodation) 두 가지가 있습니다.

동화란 이미 확립된 도식(圖式, schema) 즉, 자기 사고의 틀을 통해서만 세계 또는 새로운 경험을 받아들이는 주관적 과정입니다. 예를 들어, 어린아이에게 개를 보고 개라고 말해주었는데, 다음에 아이는 고양이를 보고도 개라고 생각합니다. 아이는 '네발 달린 동물=개'라는 도식으로 학습했기 때문에 고양이를 보고도 자기 사고의 틀에서 벗어나지 못한 것입니다.

조절은 개체가 환경으로부터 현실적 요구에 직면하면 기존 도식, 즉 사고의 틀을 변화시키고 재조정함으로써 자신의 지식과 사고 과정을 적응시키는 과정을 말합니다. 즉, 자신이 가진 도식으로 이해할 수 없는 사물이나 상황을 접하게 되었을 때 새로운 정보를 받아들이기 위해 기존의 도식을 수정하는 겁니다.

아이가 고양이를 보고 개라고 말할 때 누군가 고양이라고 말해주면, 아이는 '네발 달린 동물=개'라는 기존의 도식, 사고의 틀을 바로잡을 기회가 생깁니다. 고양이를 개의 도식으로 동화시키기에는 모양, 특징 등이 너무 다르다는 것을 깨우치면서 고양이에 대한 정보를 바탕으로 기존의 도식을 변화시키고 재조정합니다.

과거의 경험과 지식을 바탕으로 형성된 도식, 기존 사고의 틀에만 맞추어 정보를 처리하는 방식인 동화만 고집한다면, 전혀 다른 새로운 정보에 주목하기보다 자기 생각의 틀에 맞춰 보고 싶은 것만 보고 보기 싫은 것은 안 보게 됩니다. 그러면 현실의 변화를 인식하지 못하거나 발상의 전환을 통해 새로운 생각을 이끌어내는 데 어려움을 겪게 되지요.

동화에만 의존하는 사람은 "자신의 생각과 다른 사람의 생각이 다르다."고 생각하기보다 "자신의 생각이 옳고, 다른 사람의 생각은 틀리다."고 생각합니다. 자신의 생각은 어디까지나 '하나의 의견'일 뿐이지 정답이 아닐 수 있다는 것을 받아들이기 어려워합니다. 나아가 자신의 생각과 다른 의견을 폄하하고 무시할 수도 있지요. 이로 인해 다른 사람과의 의사소통이 원활하지 못하게 됩니다.

동화에만 사로잡힌 사람은 외부 환경이 끊임없이 변하기 때문에 완벽히 동일하게 반복되지 않음에도 불구하고, 새로 주어진 상황에서 과거와 동일한 단서에만 주목하고 변화된 정보를 인식하지 못하거나 의도적으로 무시합니다. 새로운 접근 방법이 필요한 상황에서도 과거에 사용했던 방법과 동일한 방법을 적용하려하기 때문에 좋은 결과를 도출하기 어렵지요.

사실, 동화를 과용하는 경우는 특정 사람들에게만 국한된 이야기가 아니라 일반적으로 우리 모두에게 보편적으로 나타나는 현상입니다. 우리의 뇌 입장에서는 동화가 에너지가 적게 들고 편하거든요. 하지만 개인의 발전에 도움이 되진 않죠.
과도한 동화를 벗어나려면, 새로운 정보가 오면 기존에 가지고 있는 기존 사고의 틀을 변화시키고 재조정하는 조절을 활성화할 필요가 있습니다.

조절을 활성화하려면 어떻게 해야 할까요?

조절 능력을 계발하기 위해서는 첫 번째, 지속적으로 자신의 사고의 틀에 대한 생각을 가지는 습관이 필요합니다.

"비슷한 결정을 반복하고 있지는 않은가?"

"내 생각과 다른 정보를 의도적으로 무시하지는 않았나?"

"다른 사람의 의견을 함부로 재단하지 않고, 어떻게 그런 의견을 갖게 되었는지 충분히 경청해서 이해하려고 노력했는가?"

이런 질문을 자신에게 끊임없이 던져보아야 합니다.

두 번째, 지금까지 쌓아온 경험과 지식의 경계를 벗어나 새로운 경험과 지식을 배울 수 있는 활동에 참여해보면 도움이 됩니다. 한 사람이 살아오면서 누릴 수 있는 경험은 제한되어 있고 축적할 수 있는 지식 또한 한정적입니다. 다양한 활동에 참여하려고 시도하여 자신이 가지고 있던 기존의 경험, 지식과 다른 새로운 정보를 의도적으로 접하면서 조절이 활성화될 수 있도록 자극할 필요가 있습니다.

세 번째, 가끔씩 일상을 떠나보세요. 기분 전환의 시간을 갖고 다시 일상으로 돌아올 때, 보다 맑은 판단력이 생기고 더 많은 것이 보일 겁니다.

Q 평소 내 생각과 다른 정보를 어떻게 처리하나요?
직업 이외의 어떤 다양한 활동에 참여하고 있나요?

 U턴 처방전

우리는 대부분 고정관념을 갖고 있습니다. 그리고 그 관점으로 세상을 보려는 경향이 있고요. 우리 뇌 입장에선 그게 에너지가 적게 들고 편하기 때문입니다. 하지만 이런 태도가 개인의 발전엔 도움이 되지 않지요. 과도한 동화를 벗어나려면, 기존 사고의 틀을 변화시키고 재조정하는 조절을 활성화해야 합니다.

뇌의 새로운 습관 회로를 만드는 데 필요한 66일

갈등이론의 대가로 2005년 노벨경제학상을 받은 메릴랜드대 토머스 셸링 명예 교수는 "명확한 목표가 있는 사람이 목표가 없거나 구체적이지 않은 사람보다 훨씬 좋은 성과를 보인다."고 말하며 결심의 중요성을 주장한 바 있습니다. "할 것인가, 말 것인가?"를 놓고 갈등할 때 "할 것이다."로 결정하라는 것이 갈등이론의 핵심입니다.

그러나 여러 연구 결과를 살펴보면, 우리의 결심은 일반적으로 '작심삼일'로 끝나는 경우가 허다합니다. 왜 우리의 결심은 '작심삼일'이 될까요? '작심삼일'에도 뇌과학적인 근거가 있습니다.

미국 UCLA 의과대 로버트 마우어 교수에 의하면, 뇌의 '방어 반응' 때문입니다. 급격한 행동의 변화는 뇌의 입장에서는 오랜 세월 유지했던 행동을 방해하는 것이므로, 거부감을 보이는 '방어 반응'을 불러일으키는 거지요.

안 하던 공부나 운동을 갑자기 하면 뇌는 마치 "호랑이와 같은 맹수가 나타났다."고 느끼고 '방어 반응'을 작동시킵니다. 이때 뇌는 상당히 스트레스를 받습니다. 스트레스를 받으면 부신피질 방어호르몬이 분비되지요. 이 호르몬들이 스트레스에 대항할 수 있는 힘은 안타깝게도 3일 정도밖에 안 됩니다. 3일이 지나면 더 버틸 힘이 없어지는 거지요. 그러니까 3일이 지나면 다시 예전으로 돌아가기 십상입니다.

그러므로 먼저 작심삼일이 누구나 겪는 뇌과학이라는 점을 알고 작심삼일의 위기를 극복해서 반복해서 행동 변화를 주어야 새로운 습관이 형성됩니다.

새로운 변화가 새로운 습관으로 자리 잡으려면 뇌가 새로운 변화를 기억해야 합니다. 뇌가 새로운 변화를 기억하려면 적어도 3주간 새로운 일을 꾸준히 계속해야 하고요. 그렇게 해야 단기 기억으로 입력된 정보가 뇌 전체에 정착되어 중기 기억으로 이행 저장될 수 있습니다. 새로운 변화가 새로운 습관 회로로 바뀔 수 있는 기초가 마련되는 거지요. 이 중기 기억이 장기 기억으로 넘어가 새로운 습관 회로로 자리를 잡으려면 평균 66일이 필요합니다.

'작심삼일'을 벗어나 기어코 결심을 이루어내고 싶다면, 뇌과학과 마음의 원리에 따른 다음 두 가지 전략을 실천해보세요.

첫 번째 전략은 전래동화 〈3년 고개〉에서 힌트를 얻은 것입니다.
넘어지면 3년밖에 못 산다는 어느 산골 마을, 한 할아버지가 그 고갯길에서 넘어져 깊은 고민에 빠져 있었지요. 앞으로 3년밖에 못 살 거라 생각하니 눈앞이 깜깜했습니다. 그러자 손자가 말합니다.
"할아버지, 넘어질 때마다 3년씩 더 살 수 있잖아요. 그럼 계속 넘어지면 되겠네요!"

고정관념을 깬 역발상이 있는 반전의 이야기입니다.
야심차게 세운 계획이 '작심삼일'이 됐다면, 자책하지 말고 또 '작심삼일'하면 됩니다. 3일을 7번 반복하면 21일이 되지요.

수학적으로 7번을 연속하면 확률이 100%에 가까워집니다. 뇌과학적으로 보면, 21일이 되어야 뇌 변화의 기초가 마련되고, 평균 66일이 되어야 비로소 새로운 습관 회로가 만들어지며, 정신적 요소까지 감안한다면 최소 100일은 되어야 새로운 회로가 굳건해집니다.

두 번째 전략은 '과잉목표 세우지 않기'입니다.

캐나다 토론토대학교 자넷 폴리비 교수는 실패를 거듭해도 계속해서 불가능한 목표를 추구하는 행위에 대해 '헛된 희망 증후군(false hope syndrome)'이라고 표현했습니다. 결심이 매번 실패하는 이유는 방법론이나 내·외부 상황 탓보다 가능한 목표가 아닌 과시하기 좋은 과잉목표를 세우기 때문이라는 것이지요. 오랫동안 천천히 쌓아온 뇌 습관 회로를 단기간에 급속히 변화시키려 하면 뇌의 '방어 반응'에 막혀 실패하게 됩니다.

따라서 큰 변화보다 작지만 점진적인 변화를 기대하는 것이 목표를 이루는 데 훨씬 효과적입니다. 로버트 마우어 교수는 '스몰 스텝(small step)' 전략을 제안합니다. 평소에 안 하던 운동을 새해를 맞아 갑자기 하루 한 시간씩 일주일 내내 하는 것이 아니라 '하루 몇 분, 주 몇 회'와 같이 가볍게 시작함으로써 뇌의 '방어 반응'을 최소화하는 것이지요.

'천 리 길도 한 걸음부터'라는 우리 속담이 있죠. 우리의 선조들도 새로운 목표를 한순간에 모두 이룰 수 없다는 것을 이미 알고 '스몰 스텝'을 강조했던 것입니다.

터무니없고 무리한 결심을 해서 반복된 실패를 경험하고, 마틴 셀리그만의 표현대로 '학습된 무기력'의 늪에 빠져 자포자기하지 말아야 합니다. 실현 가능한 목표로 뇌의 '방어 반응'을 잘 달래면서, 조금씩 목표를 높여 가며 반복을 통해 습관을 잘 들여보세요. 어느 순간 계획대로 목표에 다다른 자신을 발견할 수 있을 겁니다.

뇌과학과 마음의 원리로 여러분의 결심을 이루기를 응원합니다.

Q 당신이 이루고자 하는 결심은 무엇입니까?
아직도 진행되고 있나요?
당신이 아무런 결심을 하지 않고 있다면 지금 당장 하나를
결심해보세요.

 U턴 처방전

세운 계획들 다 잘 이루어지고 있나요? '작심삼일'로 끝나고 말았다고요? 그렇다면 또 '작심삼일'하면 됩니다. 실패했을 때 끝나는 것이 아니라 포기했을 때 끝나는 겁니다. 반드시 이루어지는 인디언 기우제처럼 성공할 때까지 반복하면 됩니다.

2장

당신의 마음,
뇌 터널 속에
갇혀 있지는 않나요?

Q

"당신은 강의를 들으러 가면 앞자리에 앉나요,
뒷자리에 앉나요?"

A

Q

"당신이 강사라면
청중이 어느 자리에 앉길 바랄까요?"

A

나를 성장시키는 힘, 열등감

'자존심 상하는 일', '자존심 강한 사람'. 일상에서 이런 표현을 종종 씁니다. 우리가 흔히 말하는 자존심은 무엇일까요?

사전적 의미는 이렇습니다.

'남에게 굽히지 아니하고 자신의 품위를 스스로 지키는 마음.'

그런데, 일반적으로 통용하는 자존심이라는 단어를 정신의학적으로 살펴보면 오히려 '열등감'에 가까운 경우가 많아요. 사소한 말에도 자존심에 상처를 입었다고 생각하고 심지어 남이 자신을 무시한다고 화를 내기도 합니다.

외모에 자신이 없는 사람에게 못생겼다고 하면 무척 자존심 상해합니다. 열등감을 건드렸기 때문이죠. 반대로 외모에 열등감이 없는 사람은 누가 자신에게 못생겼다고 해도 농담으로 넘기거나 '그런가?' 하고 대수롭지 않게 받아들입니다.

얼굴이 못생겼다고 생각하는 여성(또는 남성)이 있다고 합시다. 이 여성(또는 남성)이 성형수술 후 예뻐졌다고(잘생겨졌다고) 합시다. 사람들이 모두 "어쩜 그렇게 예쁘니(잘 생겼니)?" 하고 물어도 이 여성(남성)은 자신을 두고 이야기하는지 모를 가능성이 높습니다. '사람들이 나에게 미인(미남)이라고 말을 할 리가 없다.'는 생각까지 성형수술을 받은 게 아니기 때문입니다. 현실 상황은 수술로 미인(미남)이 되었으나 자기 얼굴이 못생겼다고 생각하는 열등감은 그대로 간직하고 있는 것이지요.

알프레드 아들러는 열등감에 대해 다음과 같이 말했습니다.
"인간은 누구나 완전하지 않은 존재로 태어났으며, 열등한 상태에서 벗어나려는 욕구를 가지고 있다."

아무리 완벽해 보이는 사람이라도 돈, 학력, 능력, 외모 등에 대해 모두 저마다의 열등감을 가지고 있습니다. 사실 열등감 자체는 부정적이거나 긍정적인 것이 아닙니다. 하지만 열등감을 마주하는 방식과 결과는 사람마다 다릅니다. 누구는 열등감에 지배당해 평생을 열등감의 노예로 살고, 누구는 열등감을 성공의 동력으로 삼아 성장합니다.

예를 들어, 학력이 낮으니 남에게 무시를 당한다고 생각한다면 이것은 열등감을 부정적으로 표출하는 것이고, 학력이 낮으니 남보다 노력해야 한다고 생각한다면 열등감을 바람직하게 표출하는 것입니다. 물론 학력이 낮은 것은 객관적 사실이라 하더라도 학력 때문에 무시당한다고 생각하는 것은 주관적 해석입니다. 실제로 남들이 자신의 낮은 학력을 무시했다면, 이것을 어떻게 극복할지를 생각해야 합니다. 열등감을 바라보는 관점과 태도가 중요합니다.

열등감은 '내가 부족한 점이 있음을 느끼는 상태', 즉 부족감입니다. 누군가는 열등감에 짓눌리고 좌절합니다. 열등감이 자신을 미워하는 방향으로, 자신을 괴롭히는 방향으로, 자신을 사랑하지 않는 방향으로, 다시 말해 불행으로 가게 해서는 안 됩니다.

열등감을 부정하려 하거나 무작정 억압하려 하지 말고 내 안의 열등감을 찾아서 먼저 마주하고 받아들이는 순간, 열등감은 새로운 에너지로 변환될 준비를 합니다.

헬렌 켈러는 자신의 부족과 불완전을 긍정적 동기 부여로 삼고 도전의 원천으로 삼은 대표적인 인물입니다.
그녀는 생후 19개월 때 뇌척수막염으로 추정되는 병으로 인해 시청각장애인이 되었습니다. 일곱 살 때 인생의 스승이자 친구가 된 앤 설리번을 만나

퍼킨스 맹인학교에 입학하여 정식 교육을 받고, 이후 1904년 비장애인도 힘들다는 래드클리프 대학을 우수한 성적으로 졸업했습니다. 졸업할 무렵에는 5개 국어를 습득했습니다. 수많은 기고문을 쓰고, 50개 이상의 언어로 번역된 13권의 책을 저술하기도 했지요.

또 세계를 다니며 강연 활동을 하였고, 1937년에는 한국을 방문해 일본에 나라를 빼앗긴 우리 민족에게 "희망을 잃지 마라."고 용기를 주었다고 합니다. 소외된 사람들의 인권을 위해 사회 운동도 활발히 했습니다.

1955년 하버드대학교는 그녀에게 명예법학박사 학위를 수여했는데, 이는 하버드대가 여성에게 수여한 최초의 명예 학위였습니다. 1964년에는 미국인으로서 최고의 영예인 미국 자유훈장을 받았습니다.

미국 작가 마크 트웨인은 이런 말을 남겼습니다.
"19세기에서 가장 흥미로운 두 명의 인물은 나폴레옹과 헬렌 켈러다. 나폴레옹은 무력으로 세계를 정복하려다 실패했지만 헬렌 켈러는 세계를 마음의 힘으로 정복하는 데 성공했다."

영국 총리 윈스턴 처칠도 헬렌 켈러를 "우리 시대 가장 위대한 여성"이라고 칭송했습니다.

헬렌 켈러가 남긴 많은 명언들 중 이런 말이 있습니다.

"세상은 고난으로 가득하지만, 고난의 극복으로도 가득하다. 장애는 불편하다. 그러나 불행하지는 않다."

자신의 신체적 장애를 오히려 건설적인 활동으로 승화한 의지의 인물다운 생각이지요. 이렇게 신체적 열등과 같은 어려운 여건 속에서도 오히려 건설적인 활동을 함으로써 사회적으로 바람직한 모범이 되었습니다.

사람은 어느 누구도 완벽하지 않습니다. 사람의 발전이란 흠잡을 데 없는 완벽함에서 시작되는 것이 아니라 오히려 자기가 지닌 열등감 다시 말해 부족감을 극복하기 위해 노력하는 데서 시작됩니다. 우리는 우리가 '완벽하지 않음을 수용하는 용기', '불완전할 용기'가 필요합니다.

자신이 부족하다고 생각하는 부분은 살아가는 동안 채우면 됩니다. 내가 부족한 부분이 잘 채워지지 않는 것이라면, 다른 것으로 채우면 됩니다. 공부에 소질이 없다면, 자신이 소질이 있는 분야를 열심히 하면 됩니다. 굳이 자신이 부족한 부분으로 채울 필요는 없습니다.

우리는 모두 열등감을 갖고 있지만, 열등감의 노예가 되어서는 안 됩니다. 객관적으로 자신의 부족한 점을 인정하고 이를 극복하여 더 나은 삶을 향해 노력하는 과정에서 우리는 발전하고, 한계를 뛰어넘는 기적도 일어납니다. 열등감은 현재보다 더 나은 나를 위한, 나를 성장시키는 힘입니다.

Q 당신의 열등감(또는 부족감)은 무엇인가요?
이 열등감(또는 부족감)을 어떻게 채우고 있나요?

 **U턴 처방전**

인간은 누구나 완전하지 않은 존재로 태어났으며, 열등감(부족감)을
가지고 있습니다. 누구는 열등감에 지배당해 평생을 열등감의 노예로
살고, 누구는 열등감을 성공의 동력으로 삼아 성장합니다. 열등감(부
족감)은 나를 성장시키는 힘입니다.

마음의 영사기, 투사

살다 보면 세상 일이 내 마음처럼 되지 않을 때가 많습니다. 배우자 때문에, 부모 때문에, 자녀 때문에, 상사 때문에, 동료나 친구 때문에, 부하 직원 때문에, 자신의 주변 환경 때문에…… 이렇듯 일상생활에서 일이 잘못될 때, 삶이 힘들 때, 우리는 남이나 주위 환경을 탓하는 경우가 많습니다. '잘되면 내 탓, 잘못되면 조상 탓'이라는 말도 있죠.

이렇게 남 탓을 하는 것을 정신의학적으로는 '투사(projection)'라고 합니다. 영사기를 통해서 나오는 스크린의 영상을 보고 그것이 영사기가 아닌 스크린에 있는 것으로 착각하는 현상과 비슷하다는 데서 나온 용어입니다. 자신의 문제를 남 탓으로 돌려 자신의 불안감, 책임감, 죄책감에서 벗어나고자 하는 일종의 심리적 대응책이지요. 예를 들면 이런 경우입니다.

시험공부를 해야 하는 친구가 저녁에 공부하지 않고 자면서, 어머니에게 아침에 공부할 테니 일찍 깨워달라고 합니다. 그런데 어머니가 아침 일찍부터 열심히 깨워도 코만 골아 놓고, 시험 결과가 좋지 않으면 "일찍 깨워주지 않아서"라며 어머니 탓을 하는 겁니다.

이런 예는 직장에도 있습니다. 평소에는 부하 직원들의 업무보고도 잘 받지 않고 관리감독도 하지 않던 상사가, 사장에게서 지적을 받고 나면 해당 직원을 불러서 "보고서를 잘못 만들었다. 왜 일을 그렇게밖에 못하느냐."고 호통을 치는 거지요.

투사는 일반인에게도 흔히 나타나지만, 정신병 환자들은 이 투사라는 방어기제를 특히 많이 사용합니다. 정신병의 증상 가운데 피해망상과 연애망상이 이에 해당됩니다.

환자 자신이 누군가로부터 피해를 입고 있다고 생각하는 피해망상은 실제로는 자신이 어떤 사람을 미워하는 것이 투사되어, 바로 그 사람이 자신을 미워해 피해를 줄 것이라는 생각을 하는 경우입니다.

연애망상은 유명인이 환자 자신을 사랑하고 있다고 생각하는 것인데, 주로 인기 탤런트나 영화배우가 그 대상입니다. 그 유명인을 사랑하는 자신의 마음이 투사되어, 역으로 그 유명인이 자신을 사랑해주는 상상에 빠지다가 마침내 이를 사실인 것처럼 믿게 되는 것입니다.

투사를 부적절하게 남용하는 개인이나 사회는 병폐의 길을 걷게 됩니다. 물론 "모든 것이 내 탓"이라고 말하려는 것은 아닙니다. 지나치게 자책하고 자괴감을 가질 필요는 없지만, 정말 내 문제는 없는지 찬찬히 살펴봐야 한다는 거지요. 타인이나 주변 환경 때문에 힘들 때 그 원인을 오롯이 남 탓으로 돌린다면, 남이 바뀌기 전에는 내 인생도 바뀌지 않습니다. 내 인생에서 내가 할 수 있는 것이 없다는 말입니다. 이는 '타인 의존적 삶'이지 '자기 주체적 삶'은 아닙니다.

《논어》나 《맹자》에서도 "소인은 무엇이 잘못되면 남을 원망하고 심지어 하늘까지 원망하는데, 군자는 우선 자기에게 잘못이 없나 반성해보고 잘못이 없을 때 비로소 외부를 검토한다."고 말하고 있습니다.

예수님도 말씀으로 인간의 투사 심리를 지적했습니다.
"너는 네 형제의 눈 속에 있는 티는 보는데, 네 자신의 눈 속에 있는 들보는 보지 못하는구나. 네 자신의 눈으로부터 들보를 빼낼 때에야 비로소 너는 밝히 보리니, 그제야 너의 형제의 눈으로부터 티를 빼줄 수 있으리라."

요즘 우리 사회 곳곳에 자기반성보다는 남 탓만 하는 분위기가 팽배해 있습니다. 불교에서 깨달음의 핵심은 '불취외상 자심반조(不取外相 自心返照: 바깥 모양을 취하지 말고 스스로의 마음을 돌이켜 비추어 보다)'라는 데 있습니다. 마음에 거리끼는 것이 있으면 바깥 모양, 다시 말해 남 탓하지 말고, '자심반조', 스스로의 마음을 돌이켜보라는 뜻입니다.

사실 정신치료도 자기 문제를 남이나 외부로 투사하고 있다는 것을 깨닫고 자신을 비추어보게 해주는 것입니다. '자기 주체적 삶'은 투사를 없애고 자심반조하는 것입니다. 남 탓하지 않는 '자기 주체적 삶'을 통해, 오늘보다 더 건강한 삶을 살기를 바랍니다.

Q 당신은 평소 남 탓을 하는 편인가요? 남 탓을 하는 편이라면 그 대표적인 상황을 떠올려보세요.

U턴 처방전

비록 타인이나 주변 환경 때문에 힘들다 하더라도 그 원인을 오롯이 남 탓으로 돌린다면, 남이 바뀌기 전에는 내 인생이 바뀌지 않을 것입니다. 즉 내 인생에서 내가 할 수 있는 것이 없다는 것을 의미하지요. 이는 '타인 의존적 삶'이지 '자기 주체적 삶'이 아닙니다. 남 탓하지 않는 '자기 주체적 삶'을 통해 오늘보다 더 건강한 삶을 살기를 소망합니다.

우리의 수호자,
불안감과 우울감

누구나 살아가면서 불안감(이하 불안)과 우울감(이하 우울)을 느낍니다. 그리고 많은 사람들이 불안과 우울로 진료실 문을 두드리지요.

"왜 이렇게 불안하고 우울할까요?"

사람들은 대부분 '불안과 우울이 부정적인 감정이고 불안과 우울을 느끼는 것은 나쁘다.'고 생각합니다. 그러나 불안과 우울이 꼭 나쁜 것만은 아닙니다.

불안은 친숙하지 않거나 위협적인 환경에 적응하고자 할 때 나타나는 기본적인 반응입니다. 위험으로부터 자기 자신을 보호하기 위한 것이죠. 불안은

'예의주시하여 다음을 준비하라'는 우리의 생존과 직결된 소중한 신호입니다. 다시 말해 불안은 삶을 파괴하려는 목적이 아니라 살기 위한 생존 본능에서 나온 기제입니다.

우울은 이미 바꿀 수 없는 환경에 더 이상 자신의 에너지를 낭비하지 않게 해주기 위한 기본적인 반응입니다. 에너지가 방전되는 것을 예방하기 위한 것이지요. 바꿀 수 없는 상황을 수용하고 에너지를 비축해서 다음을 준비하라는 소중한 신호입니다. 우울 또한 불안과 마찬가지로 생존 본능에서 기인한 기제입니다.

이렇듯 불안과 우울은 우리를 생존하게 해주는 수호자라 할 수 있지요. 살아가면서 불안과 우울을 느끼는 것은 지극히 건강하다는 증거입니다.

그러나 불안과 우울의 감정이 지나치면 우리를 흔들고 해롭게 하기도 합니다. 내가 가지고 있는 무언가를 미래에 잃을 것 같거나 내가 미래에 더 가지지 못할 것에 대한 두려움으로 불안에 사로잡혀 있을 때, 내가 가지고 있던 무언가를 잃었을 때, 또는 더 가지지 못했음에 대한 분노로 우울에 사로잡혀 있을 때가 그런 경우입니다.

우울과 불안은 모두 상실과 관련이 있습니다. 돈, 권력(힘), 명예, 사랑, 건강 등 미래에 무언가 상실할 것으로 예상되는 두려움은 불안이고, 무언가 상실한 것에 대한 분노는 우울입니다.

우리는 그 어느 때보다도 풍요롭게 살고 있지만 마음은 더 불안하고 우울합니다. 왜 그럴까요?

사람들은 대체로 가질수록 더 갖고 싶은 욕망에 젖어들면서 더 채우고 싶어 하고, 이를 빼앗길까 노심초사합니다. '천석꾼은 천 가지 근심, 만석꾼은 만 가지 근심'이라는 말은 그런 우리의 모습을 잘 보여줍니다. 우리는 과거에 비해 이미 많은 것을 소유했지만, 또 더 많은 새로운 것을 소유하려 하는 일종의 '과소유 증후군' 상태에 있습니다. 오늘날 우리들의 자화상이라 할 수 있지요.

과소유 증후군이 다른 사람과 비교하는 마음과 더해지면 욕망과 집착, 그리고 상실에 대한 두려움과 분노는 더욱 증폭됩니다. 또한, 한 치 앞이 어떻게 될지 알 수 없는 세상을 보며 불안에 빠지고 내 마음대로 되지 않는 세상에 분노하며 우울에 빠집니다. 원래 세상은 한 치 앞도 알 수 없고 누구라도 내 마음대로 되지 않는 것인데, 미래와 과거를 내 마음대로 통제하고자 하는 마음도 일종의 '과소유'라 할 수 있지요.

잠깐 아프리카 원주민들이 원숭이를 잡는 방법을 이야기해볼까요.
원주민들은 원숭이 손만 간신히 들어갈 정도의 입구가 좁은 항아리 속에 원숭이가 좋아하는 바나나를 넣어두고 그냥 기다립니다. 바나나 냄새를 맡은 원숭이는 항아리 속으로 손을 집어넣고 있는 대로 바나나를 움켜쥔 뒤 손을 빼내려고 하지요.

하지만 바나나를 한껏 움켜쥔 터라 손은 항아리 입구를 빠져나오지 못합니다. 결국 원주민에게 목덜미를 잡히는 그 순간까지도 원숭이는 손을 빼지 못하고 쩔쩔매다가 그대로 사로잡히고 말지요. 바로 원숭이의 탐욕을 이용한 사냥법입니다.

원숭이가 움켜쥔 손을 펴서 바나나를 놓고 도망가면 목숨을 구할 수 있다는 것을 우리는 알고 있습니다. 하지만 그 앎을 우리의 삶에 적용하기는 쉽지 않습니다. 우리가 움켜쥔 '과소유'가 자신의 삶에는 꼭 필요한 것이라고 항변하며 이를 굳이 탐욕이라고 하지 않지요. 제3자가 되어보면 알 수 있지만, 그러기 전까지 당사자는 바로 그 움켜쥔 손 때문에 더 중요하고 더 좋은 것을 놓친다는 사실도 깨닫지 못합니다.

어쩌면, 오늘날 우리가 불안과 우울의 늪에서 빠져나올 수 없는 이유도 그 어느 때보다 많이 가졌음에도 불구하고 더 많이 가지려는 마음 때문인지 모릅니다.

Q 평소 과소유(많이 가지려는 욕심)에 집착하는 편인가요? 집착하는 편이라면 어떤 부분에서 그런지 생각해보세요.

 U턴 처방전

'과소유'의 미래에 매몰된다면 불안의 고통에서 벗어날 수 없고, '과소유'의 과거에 매몰된다면 우울의 고통에서 벗어날 수 없습니다. 미래와 과거의 '과소유'에 대한 집착을 과감히 내려놓을 때, 불안과 우울은 우리의 수호자가 되고 선물(present)같은 현재(present)의 행복이 찾아온다는 걸 꼭 기억하세요.

생명을 앗아갈 수도 있는
우울장애

우리는 누구나 희망적인 이야기를 하고 또 듣는 것을 좋아합니다. 하지만 우울증을 앓는 사람들은 그게 잘 안 됩니다. 다시는 희망을 되찾을 수 없다는 절망이 그들을 자살로 내몰기도 하고요. 대부분의 자살 시도자들은 역설적으로 살기를 간절히 원하지만, 갈등하고 있는 문제를 해결할 희망이 없음을 느낄 때 자살을 선택하게 되지요.

세계보건기구(World Health Organization, WHO)에 따르면, 지구상에서 매년 약 100만 명이 자살로 생을 마감하고, 지난 45년간 전 세계적으로 자살률은 60% 증가했습니다.

우리나라가 경제협력개발기구(OECD) 회원국 가운데 자살률 1위라는 건 많은 사람들이 익히 알고 있을 겁니다. 우리나라는 2022년 한 해 동안 1만 2,720명이 자살로 사망했다고 잠정 추정하고 있습니다. 총량으로 보면 감이 잘 안 오는데, 단순 계산으로 나눠 보면 하루 평균 35명, 즉 41분마다 1명이 자살로 생을 마감한 셈이지요.

특히 주목할 부분은 10~30대 사망원인의 1위가 자살이라는 점, 그리고 1990년 연간 3,157명이던 자살자가 30여 년 만에 무려 4배 이상 급증했다는 사실입니다.

사상 최악의 감염병인 코로나19의 경우와 비교해보아도 그 심각성을 알 수 있습니다. 2020년 1월 20일 국내에서 첫 확진자가 발생한 이후 2022년 말까지 3만 2,156명이 이 병으로 사망했는데, 같은 기간 자살로 숨진 사람은 3만 9,267명입니다. 코로나19로 인한 사망자보다 자살로 인한 사망자가 더 많습니다.

코로나19와 자살의 단어를 보니 문득 2020년 3월의 일이 떠오릅니다. 대구에서 코로나19 환자가 정점에 이르렀고 의료체계가 절체절명의 위기를 맞이했던 긴박한 시점이었습니다. 제가 2020년 3월 의료봉사를 결심하고 코로나19 대구지역 거점병원을 찾아가 진료를 하던 때였죠. 병실에서 한 20대 여성이 극심한 자살 사고로 정신과적 응급상태에 있다는 이야기를 듣고 그 환자를 상담하러 갔습니다.

10분이 흐르고 20분이 흐르고 그 이후로는 몇 분이 흘렀는지 모르겠습니다. 이미 병실 진료를 한 후라 방호복을 입고 있던 제가 충분히 탈수된 상태였고, 호흡도 힘들었고 고글에 낀 서리로 인해 앞을 보기도 힘들었죠. 방호복은 흠뻑 젖어 있었고요. 진심이 통했나 봅니다.

그 환자가 울먹이는 목소리로 말하더군요.
"의사선생님도 힘드신데 이렇게 직접 찾아와 상담해주셔서 고맙습니다. 자살하지 않겠습니다. 정말 고맙습니다."
제 눈가에도 눈물인지 땀인지 고이더군요. 이후 그 환자분이 자살 생각도 하지 않고 병실에 잘 적응하고 퇴원했다는 이야기를 들었습니다. 제가 정말 감사한 마음이었습니다.

각설하고, 국내외 연구를 종합해보면 모든 자살자의 약 80%가 생물·심리·사회경제적인 요인을 거쳐 최종적으로는 우울증과 연관돼 자살을 하는 것으로 알려져 있습니다. 주요 우울증 환자의 약 67%가 자살을 생각하며 약 15%는 비극적인 자살로 사망한다고 보고되어 있습니다.

특히, 우울증 첫 3개월 동안 자살을 할 위험률이 50~70배로 가장 높다고 하지요. 그러므로 우울증을 조기에 진단하고 치료해 자살까지 이르지 않게 하는 것이 무엇보다 중요합니다.

그런데 우리나라에서 자살률이 이처럼 급격하게 늘어난 원인은 뭘까요? 여러 가지 이유들이 있겠지만, 특정 원인을 지목하기보다 정신건강에 대한 무지와 사회문화적 편견, 정신건강에 대한 사회적 시스템의 부재 등이 복합적으로 반영되어 낳은 결과라 보는 것이 타당할 것입니다.

대한신경정신의학회의 조사에 의하면 한국 성인 10명 가운데 6명가량은 정신질환에 대한 지식이 얕은 '정신건강 문맹'으로 나타났습니다. 또 정신질환 치료 등에 대한 오해가 많아 심각한 결과를 초래할 우려가 큰 것으로 조사됐습니다. 우울증을 질병으로 보지 않고, 개인이 나약하거나 의지가 부족해 생긴다고 보는 사람이 많아 우울증 환자를 두 번 죽이는 일도 발생합니다.

신체 호르몬인 인슐린의 기능이 잘못되면 당뇨병이 되지요. 우울증도 마찬가지입니다. 최근의 연구들을 보면 우울증 환자들의 뇌 안에 있는 신경전달물질, 특히 세로토닌은 우울증이 아닌 사람들과 차이가 있다는 것이 증명되고 있습니다. 이는 우울증이 본인의 의지박약으로 발생하는 것이 아니며, 의학적 치료가 필요한 하나의 질병임을 의미합니다.

우울증은 현재 유병률이 날로 증가하는 질병 중 하나입니다. 우울증의 평생 유병률은 약 15% 내외로 알려져 있는데요. 이 비율을 적용하면 우리나라 국민의 약 750만 명 정도가 평생에 한 번 이상 우울증에 걸린다는 의미입니다. 매우 흔한 병이죠.

'마음의 감기'로 알려지며 누구나 걸릴 수 있는 병이자 치료가 매우 잘 되는 병이지만, 방치할 경우 자살로 이어지는 매우 무서운 질병이기도 합니다. 지금 이 순간에도 스무 명 중 한 명이 의학적 치료가 필요한 우울증을 겪고 있습니다. 그러나 우울증을 앓는 사람들의 3분의 2 이상은 그 사실을 깨닫지 못하지요.

세계보건기구(WHO)에서도 자살을 줄이기 위한 효과적인 방법으로 우울증을 조기 발견해 치료할 것을 권장하고 있지만, 우리나라는 정신과 방문 자체에 대한 사회문화적 편견이 큰 편이라 우울증 치료가 잘 안 되고 있는 게 현실입니다.

2021년 경제협력개발기구(OECD) 보고서에 따르면 코로나19 팬데믹 이후 세계 각국에서 지난 2020년 우울감·우울증 유병률은 코로나 이전에 비해 2배 이상 높아졌습니다. 엄청난 증가세죠.

그중 우리나라는 2020년 국민들의 우울감·우울증 유병률이 36.8%로 경제협력개발기구(OECD) 회원국 중 1위입니다. 우울증과 자살의 깊은 연관성을 볼 때, 우울증 조기 발견과 치료의 중요성은 백 번 강조해도 지나치지 않습니다.

우울증은 다른 여러 질병들과 마찬가지로 하나의 병일뿐입니다. 심장병, 고혈압, 당뇨병처럼 치료가 필요하고, 또 치료가 가능한 병이지요. 하지만 우울증에 대한 우리 사회의 인식은 '의지가 약해 생기는 것'이며, '힘을 내고', '게으름을 피우지 않고', '의지를 강하게 하면' 또는 '정신을 차려서 기운을 내면' 된다는 것입니다. 당뇨나 고혈압을 의지나 정신력으로 고친다고는 생각하지 않으면서, 우울증 등 정신질환에 대해서는 다르게 생각하지요.

다시 한 번 더 말하지만, 최근의 연구들을 보면 우울증 환자들의 뇌 안에 있는 신경전달물질, 특히 세로토닌의 변화가 있다는 것이 증명되고 있습니다. 이는 우울증이 의학적 치료가 필요한 뇌의 질병임을 의미합니다.

사람들은 신체 질환과 정신 질환을 다르다고 생각하지만, 뇌도 신체의 일부입니다. 다리가 골절된 사람을 보고 "의지를 강하게 하고 정신을 차려서 걸으면 돼."라고 말하지 않죠. 제대로 치료를 해야만 걸을 수 있습니다. 우울증도 마찬가지입니다.

우울증을 치료하는 건 시간을 들이는 일이 아니라 시간을 버는 일입니다. 우울증을 치료하고 건강을 되찾아야 의지도 정신력도 다시 돌아오고, 자살도 예방할 수 있습니다. 몸이 힘들면 감기에 걸리고 마음이 힘들면 우울증을 않을 수 있습니다.

감기에 걸리면 병원에 가 진료를 받고 약을 먹듯, 마음의 감기라 불리는 우울증도 마찬가지여야 합니다. 전문적인 정신의학적 치료를 받으면 우울증은 치료됩니다.

한마디 더, 저의 진료실에는 우울증 환자분들이 많이 방문합니다. 자살을 생각하는 우울증 환자분들에게 조심스레 물어봅니다. 자살에 대한 생각을 묻고 죽으려고 하는 이유를 옳고 그름으로 판단하지 않고 경청합니다. 섣부른 충고나 해결책을 제시하지도 않습니다. 다만, "그럼에도 불구하고 지금까지 삶을 유지하고 있는 힘은 무엇인지?" 묻습니다.

살고 싶다는 마음을 주는 사람이 단 한 명만 있어도 자살하지 않습니다. 생각해보면, 우리를 살게 하는 것은 그리 거창한 것이 아닙니다. 그저 내 옆에 있는 누군가 한 명이면 세상을 등지지 않을 수 있습니다.

여러분의 관심과 사랑으로 한 사람의 생명을 구할 수 있습니다.

Q 최근 7일 동안 자살하고 싶다고 느낀 적이 있나요? 있다면 언제, 무엇 때문인가요?

 U턴 처방전

우울증의 조기 발견과 적절한 치료는 의학적 측면뿐 아니라 사회적으로도 매우 절실한 문제입니다. 우울증을 피해갈 수 있다면 좋겠지만, 혹시라도 여러분에게 우울증이 찾아왔다면 당당히 정신건강의학과를 찾으세요. 그게 혼자서 버티는 것보다 더 용감하고 지혜로운 대처법입니다.

불행의 쳇바퀴, 반복강박

피하고 싶은 삶이 반복해서 일어난다는 느낌을 가져본 적 있나요? 일례로, 아버지가 알코올 중독자였고 알코올 중독자인 남편을 만나 이혼을 한 여자는 재혼을 하더라도 알코올 중독자를 만나게 될 가능성이 매우 높습니다. 그녀는 아마 '지독히 팔자가 사나워서' 혹은 '억세게 운이 없어서' 그런 남자를 만났다고 생각 할 것입니다.

사람에게는 '반복강박(repetition compulsion)'이라는 것이 있습니다. 프로이트가 말한 정신분석학 용어로, 자신의 과거 경험이 자신을 고통과 불행으로 내모는데도 과거 경험으로부터 배우지 못하고, 계속 일정한 행동 양상을 반복하는 것을 말합니다. 앞의 사례는 성장 과정에서 불행했던 과정이 성장한 이후에도 반복되는 경우입니다.

우리는 왜 자신을 고통과 불행으로 이끄는 선택을 되풀이하는 걸까요?

사람은 태어나서 어린 시절에는 스스로 선택할 수 없는 속수무책의 삶에 노출됩니다. 성장 과정에서 경험한 세상에 본인도 모르게 익숙해지지요. 그리고 행복, 불행과 관계없이 익숙하기 때문에 마음이 편하게 느껴지는 '익숙한 편안함'을 성장한 후에도 무의식적으로 선택하게 합니다.

앞의 사례에서, 그녀는 어렸을 때 아버지의 술주정을 보면서 진절머리를 쳤을 겁니다. 비 오는 날 어머니의 머리채를 거머쥐고 먼지가 나도록 주먹질을 해대는 아버지를 보면서, "어머니 대신 복수해주고 싶다거나 죽이고 싶은 증오심을 가지기도 했을 것"입니다. 하지만 아이의 마음속에는 주정뱅이 폭력꾼 아버지 모습이 자신도 모르는 사이 남성상으로 뇌에 새겨집니다.

세월이 흘러 아이는 어른이 되고 잡아먹힐 듯한 불행으로부터 도피하듯 사랑을 하고 결혼을 합니다. 아버지의 알코올 중독과 폭력에 시달리던 어머니를 떠올리며, 자신은 절대 주정뱅이 폭력꾼과는 결혼하지 않을 것이라고 다짐을 했었죠.

그런데 어린 아이에게 새겨진 남성상은 평소에는 무의식 속에 숨어 있다가

불쑥 튀어 나와 다시 어머니와 같은 삶을 선택하게 됩니다.

만약 첫 남편과 이혼을 했다면, 이혼 후 두 번째 남편을 고를 때에도 '반복강박'이 출현하여, 다시 같은 선택을 하게 합니다. 이렇게 어른이 되어서도 어린 시절의 불행했던 상황과 유사한 상황을 재현하게 됩니다.

같은 선택을 안 하면 그만인데, 이상하게도 어린 시절 불행을 반복합니다. 왜 과거에서 벗어나 더 나은 인생을 선택하지 않는 것일까요?

알코올 중독자가 아닌 남성은 그녀의 내면에서 익숙하지 않기에 편안함을 느낄 수 없습니다. 하지만 알코올 중독자와 함께 있을 때 그녀는 두렵지만 익숙하고 편안함을 느낍니다. 부모의 삶을 보며 뇌에 각인된 불행이지만 '익숙한 평안함'의 '반복강박'이 작동한다는 것을 스스로 인식하지 못하기 때문에, 그녀는 또 다시 불행의 쳇바퀴를 돌리는 선택을 하게 됩니다. 그리고 그 결과에 자기 탓을 하기보다 팔자 혹은 운명 탓을 하게 되지요.

일상 속에서도 '반복강박'은 흔하게 볼 수 있습니다. 내일 후회할 것을 알면서도 또 다시 밤참의 유혹에 넘어가고, 시험 날이면 후회할 것을 알면서도 또다시 게임의 유혹에 넘어가고, 카드 결제일이면 후회할 것을 알면서도 또 다시 쇼핑의 유혹에 넘어갑니다. 건강을 위해 꼭 운동을 해야지 다짐하지만 잘 안 하게 되고, 화를 내서 손해를 본 경우 이제 화를 내지 말아야지 다짐하지만 또 화를 내고 손해를 봅니다. 부부싸움을 한 후 마치 다시 태어난 사람이 된 듯 최선을 다하다가도 다시 그 이전처럼 싸웁니다. 이처럼 끊어내려고 다짐하지만 그 일을 반복하는 것도 '반복강박'입니다.

대체로 사람들은 익숙하지 않은 것보다 익숙한 것을, 불편한 것보다 편안한 것을 좋아합니다. 익숙하지 않으면 불편하고, 불편하면 고통을 느끼지요. 그러나 '반복강박'의 '익숙한 편안함'은 그 순간에는 편할지 몰라도, 우리 삶을 더 큰 고통과 불행으로 내몹니다.

'반복강박'을 겪는 사람은 고통과 불행을 겪어도 그것이 자신이 반복하는 고통과 불행인지 모릅니다. 고통과 불행을 알아차린다 하더라도 '익숙한 편안함'을 선택할 가능성이 높습니다. 사람들은 미래의 더 큰 고통보다 당장의 작은 고통을 더 싫어하고, 미래의 더 큰 불행보다 당장의 작은 불행을 더 싫어하기 때문이지요.

어떻게 하면 반복되는 고통과 불행의 쳇바퀴, '반복강박'에서 벗어날 수 있을까요?

우선 용기 있게 자신의 내면과 마주해야 합니다. 때로는 전문가의 도움도 받아야 하고요. '익숙한 편안함'의 불행을 반복하지 않기 위해서는 '낯선 불편감'에 도전해야 합니다. 그래야 나도 모르게 작동하던 '반복강박'을 벗어나 우리가 진짜 원하는 행복을 만날 수 있습니다.

Q 평소 불행한 또는 좋지 못한 결과가 예견되는 피하고 싶은 상황을 계속 반복하고 있나요? 있다면 무엇인가요? 그것과 과감한 결별을 하지 못하는 이유는 무엇인가요?

 U턴 처방전

반복적인 경험들, 좋지 않는 결과가 될 것을 알면서도 익숙한 편안함을 선택하는 반복강박과 과감히 결별하고, '낯선 불편감'에 도전해야 합니다. 그래야 '반복강박'을 벗어나 우리가 진짜 원하는 행복을 만날 수 있습니다.

미워하면서 그리워하는
'공격자와 동일시'

진료실을 찾았던 한 여성의 이야기입니다. 자신이 시집와서 시어머니에게 호되게 당했던 시집살이를 이야기하며 펑펑 울었지요. 그런데 상담을 하다 보니 자신이 며느리에게 그러고 있다는 걸 깨닫고 소스라치게 놀랍니다. 며느리가 시어머니 되면 시어머니 티를 더 낸다더니, 호된 시집살이를 당한 여성일수록 '나는 절대로 그러지 말아야지' 다짐하는 사이에 자신을 괴롭히고 공격하고 싫어했던 시어머니를 닮아가는 것입니다.

이를 정신분석학 용어로 '공격자와의 동일시(identification with the aggressor)'라고 합니다. '공격자와의 동일시' 현상은 남녀노소 가리지 않고 어떤 관계라도 올 수 있습니다.

일상생활에서도 흔하게 볼 수 있습니다. 부하직원을 매우 힘들게 하는 상사 밑에서 직장생활을 하고 있는 사람이 자신의 부하직원에게는 자기가 당한 방법보다 더 심하게 대하는 거지요. 정말 끔찍하게 듣기 싫어했던 상사의 말들을 부하 직원에게 그대로 하기도 합니다. 다른 사람들은 그의 말투와 행동이 그의 상사와 꼭 닮았다고 생각하지만 본인만 그것을 모릅니다.

특히 이 공포를 극복하거나 도망칠 수 없는 상황이라면 공격자와 똑같이 함으로써 친숙해지는 방법을 택합니다. 더 심각한 경우 공격자의 공격을 은연중에 정당화합니다. 내가 맞을 짓을 해서 맞았다는 식이지요.

1973년 8월 스웨덴 스톡홀름의 한 은행에서 인질극이 벌어졌습니다. 무려 151시간 동안 벌어진 일이었고, 결국 경찰에 의해 인질이 구조되었습니다. 그런데 이상한 점은 구조된 인질들이 인질범에 대해서 애착을 가질 뿐 아니라 자신들을 구조한 경찰들에 대해서 적대적인 감정을 표출했다는 겁니다. 이를 조사한 범죄 심리학자 닐스 베예로트는 공포심으로 인해 극한 상황을 유발한 대상에게 긍정적인 감정을 가지는 이러한 현상을 '스톡홀름 증후군'이라고 이름 붙였습니다.

상식적으로 이해가 안 되지만 일명 '나쁜 남자'에 끌리거나 폭력적인 남편과 아빠를 미워하면서도 그리워하는 경우, 위의 사건처럼 피해자가 가해자를 이해하고 옹호하는 일이 꽤 있습니다.

"저런 말과 행동은 옳지 않아. 나는 절대로 저러지 말아야지." 굳게 다짐하지만 그토록 혐오하고 싫어하는 상대방의 말과 행동을 그대로 따라 하거나 정당화하는 이유는 무엇일까요?

귀신이 무서워 밤에는 바깥에 못 나가던 아이가 있었습니다. 그런데 어느 날부터인가 밤에도 잘 돌아다닙니다. 아이는 이제 더 이상 귀신이 무섭지 않다고 했는데, 이유인 즉 "내가 귀신이다."라고 생각하고부터는 두려움이 없어졌다는 것입니다. 이것이 '공격자와의 동일시' 심리에 대한 좋은 설명이 될 것 같습니다.

어떤 대상으로부터 공포를 느끼기는 것은, 그 사람과 내가 다르기 때문입니다. 이럴 때는 내가 그 사람과 똑같아지는 수밖에 없습니다. 두려움의 대상과 내가 동일해지면, 거부감도 공포심도 없어지는 거지요. 이러한 과정은 무의식적으로 일어나기 때문에 당사자도 모르는 사이에 닮아가게 됩니다.

닮게 되는 또 하나의 요인은 공격자에게 당했다는 것은 심한 자존심의 손상이기 때문에 자기 또한 공격자의 위치에 서서 손상된 자존심을 회복하고자 그렇게 되기도 합니다.

물론 모든 사람이 이렇게 되는 것은 아닙니다. 미국 대통령을 지낸 빌 클린턴은 알코올 중독자인 의붓아버지 밑에서 자랐는데도 훌륭하게 성장했지요. 또 어떤 사람은 술 취한 아버지가 싫어 평생 술을 한 방울도 입에 안 대기도 합니다.

우리는 살면서 어떤 형태로든 '공격자와의 동일시'를 경험을 할 수 있습니다. 이때 자기가 싫어하는 사람과 닮느냐 아니냐는 자기 자신만이 선택할 수 있습니다. 마음 깊은 곳에 숨어 있는 상처투성이의 어린 시절 나를 마주 보고 이렇게 말해보세요.

"이제 나는 어른이다. 나는 이 상황을 통제할 수 있다."

> **Q** 당신에게 고통을 주어서 미워했던 공격자와 닮은 행동을 타인에게 한 적이 있나요?

U턴 처방전

자기가 하기 싫은 일을 남에게 하게 해서는 안 됩니다. 내가 당해서 괴로운 일을 다른 사람에게 그대로 행하는 것은 손상된 자존심의 회복이 아니라 자신을 파괴하는 것입니다. 내가 본의 아니게 피해를 보았다면 그 피해가 다른 사람에게 흘러가지 않도록 내가 멈춰주는 것, 그래서 사회적 악순환이 일어나지 않게 하는 것이 자존감이고 건강한 정신입니다.

배를 아프게 하는 스트레스의 원인,
시기와 질투

"사촌이 땅을 사면 배가 아프다."

사촌이 사돈이 되기도 하고, 땅이 논이 되고 밭이 되기도 하는데 요즘은 아파트가 자주 언급되지요. 시대에 따라 약간씩 변형되어 오르내리는 이 속담은 하여튼 누가 잘 되면 배가 아프다는 뜻에는 변함이 없습니다. 남이 잘되는 것을 보면 공연히 시기하게 되고 질투가 난다는 말입니다.

가까운 이들의 기쁨을 진심으로 함께 축하해주고 자기도 노력하는 자세를 갖추는 것이 정신건강학적으로도 좋습니다. 하지만 어디 그게 쉬운 일인가요? 배고픈 것은 참아도 배 아픈 것은 못 참지요. 비슷한 의미로 이런 속담도 있습니다.

"이웃집 곳간이 차면 배가 아프다."

그런데 이상하게도 두 속담 모두 '배가 아프다'라는 공통점이 있습니다. 왜 우리 선조들이 배가 아프다고 했는지 모르겠지만, 사실 이는 정신신체의학적으로 아주 타당한 표현입니다.

스트레스를 받거나 질투심과 같은 부정적 감정이 원인이 되어 나타나는 신체적 증상을 '심신증'이라고 합니다. 질투를 하면 활성화되는 뇌 부위가 배측전방대상피질(dorsal anterior cingulate cortex)인데, 이 심적 고통을 느끼는 뇌 부위와 신체적 고통을 느끼는 뇌 부위가 거의 같습니다. 뇌는 신체적 고통을 느낄 때와 심리적 고통을 느낄 때를 크게 구분하지 않는다는 것이지요.

어찌되었든 우리나라 사람들은 특히 위장관계의 심신 증상이 많은 편입니다. 위와 장이 부정적 감정이나 스트레스에 특히 민감하기 때문이죠. 스트레스를 받거나 기분이 나쁘면 위와 장이 굳어져 소화가 안 되고, 심하면 아프게 됩니다.

심신불이(心身不二), 마음과 몸은 둘이 아니고 하나라는 뜻입니다. 사촌이 땅을 사면 배가 아프다는 속담은 질투심을 몸으로 느끼는 경우입니다. 마음이 울고 싶을 때 몸이 우는 현상, 이것이 '심신증(心身症)'입니다. 심리적 스트레스와 신체의 반응은 직결됩니다.

한편, 정신건강학적으로 질투심은 어떤 영향을 미칠까요?
질투를 느끼는 것은 '보통 사람'의 당연한 심리현상입니다. 하지만 질투심이 단순한 부러움을 넘어 과도한 증오나 적개심까지 이어진다면 문제가 됩니다.

정신의학에서는 질투가 어린 시절부터 형성되는 것으로 봅니다. 부모가 아이를 양육할 때, 이 질투 심리를 잘 처리할 수 있도록 해주어야 합니다.

아이들에게는 '아우 타기'라는 것이 있습니다. 큰아이가 동생이 태어나면 때리고 괴롭히는 현상을 말하는데, 아우 타기가 심한 아이들은 어머니의 사랑과 관심을 받기 위해서 동생보다 더 어린아이처럼 행동한다든가, 대소변을 가리던 아이가 다시 대소변을 못 가리는 등의 퇴행 행동을 보이곤 합니다.

이런 행동은 사실 큰아이의 질투심리 때문에 일어나는 현상입니다. 동생이 태어나기 전까지는 사랑을 독점했다가 어머니의 관심이 새로 태어난 동생에게만 쏠리니까 질투심리가 발동하게 되는 것입니다.

이때 어머니가 큰아이를 때리거나 혼을 내면 역효과가 날 수 있습니다. 큰

아이는 동생을 한 대밖에 안 때렸는데, 어머니는 큰아이를 수도 없이 때린다든가, "왜 동생을 괴롭혀!" 하고 위협해서도 안 됩니다. 아이가 질투심리를 잘 처리할 수 있도록 세심한 배려와 사랑을 주어야 합니다. 어머니의 사랑이 큰아이에서 동생으로 간 것이 아니라 여전히 큰아이를 사랑하고 있다는 것을 확인시켜주고, 큰아이가 어렸을 때에는 어머니가 큰아이만을 돌봐주었다는 점 등을 이야기해주면 좋습니다. 또 동생은 혼자서 아무 것도 할 수 없기 때문에 우리가 함께 돌봐주어야 한다는 점을 이해시켜줍니다. 그러면 큰아이는 질투심이 아니라 사랑으로 동생을 보살피고 함께 살아가는 법을 배우게 됩니다.

그렇다면 질투심은 어떤 경우에 잘 생길까요?

한마디로 말하기는 어렵지만, 비교와 경쟁 심리로 가득 찬 사람일수록 질투심이 강하다고 보면 크게 틀리지 않을 겁니다. 물론 비교와 경쟁이 다 나쁜 것은 아닙니다. 모두 알다시피 적절한 비교와 경쟁은 발전을 가져다주기도 하지요. 다만 무엇이든 지나치면 문제가 됩니다.

질투심이 많은 사람들은 한마디로 '부족의 심리'를 가진 사람들입니다. 마치 이 세상에 오직 커다란 한 개의 떡만이 있는 것처럼 생각합니다. 누군가가 많이 떼어 간다면 다른 사람들은 그 만큼 덜 갖게 된다는 관점을 갖고 있지요. 인생을 '제로섬 게임'으로 인식하는 겁니다.

이런 관점에선 어떤 성과나 이익, 기쁨을 나누어 갖기가 힘듭니다. 심지어 그것을 성취하는 데 도움을 준 사람과도 함께 나누려 하지 않습니다. 당연히 다른 사람들의 성공에 대해 진정으로 기뻐해주기 힘들지요. 친구든, 동료든, 사촌이든, 심지어 가족까지도. '부족의 심리'를 가진 사람들은 겉으로는 다른 사람의 성공을 축하하고 기뻐한다고 말해도 속으로는 마음이 쓰라립니다.

'부족의 심리'로 보면 다른 사람의 성공은 어느 정도 자기 자신의 실패가 됩니다. 남을 이기는 것이 자신의 성공이라는 생각을 갖고 있지요. 더 나아가면 다른 사람을 패배시켜야 한다는 데까지 이릅니다. 이렇게 되면 사촌이 땅을 사면 배가 아픈 데에서 나아가 '못 먹는 밥에 재 뿌린다.' 더 심해지면 '너 죽고 나 죽자.' 일명 물귀신 작전까지 나오게 되지요.

그러나 나의 질투심이 나에게 무슨 이득이 될까 한번 생각해봅시다. 주위의 사람이 잘되면, 주위 사람들이 잘되지 못해 나에게 돈을 빌리러 오는 것보다 낫지 않은가요. 주위 사람들이 잘되지 못해 만나면 내가 늘 밥을 사주어야 되는 것보다는 낫지 않은가요.

누군가 안 좋은 일이 생겼을 때 슬퍼해주기는 쉬운데, 좋은 일이 생겼을 때 진심으로 기뻐해주기는 쉽지 않다고 하지요. 그래도 누군가 잘되었을 때 진심으로 축하해준다면 성공한 사람들을 가까이 둘 수 있고, 그 기운으로 노하우를 얻고 운을 얻고 복을 얻을 확률이 높아집니다. 성공한 사람들과 친해지기 위해 일부러 좋은 모임에 가려고 하지 않나요? 그런데 내 주위의 사람이 성공하면 그런 모임에 가는 에너지를 들이지 않아도 되니 얼마나 좋은가요.

'부족의 심리'와는 반대로 '풍족의 심리'도 있습니다.
'풍족의 심리'를 가진 사람들은 세상은 풍요롭고 모든 사람이 나누어 가질 만큼 충분하다고 생각합니다. 이 관점에선 어떤 성과, 이익, 기쁨을 나누어 가지는 게 가능하고, 이러한 사람들은 다른 사람들의 개성이나 장점을 존중하고 또 그들과 함께 새로운 대안을 만들어내고 상호간에 긍정적인 성장과 발전의 무한한 가능성을 창조할 수 있습니다.

다른 사람과 비교우위에서 이기는 것보다 모두에게 유익한 결과를 바라므로, 이런 긍정적인 사고가 효과적인 상호작용을 해서 사람들이 개별적인 힘으로 하지 못한 일까지도 힘을 합쳐 함께 이루어낼 수 있지요. 패자는 없고 승자만 있는 '윈-윈 게임'입니다. '풍족의 심리'를 가진 사람들은 어떤 사람과도 서로 기쁨을 나눌 수 있습니다.

인생은 내가 어떤 음식을 먹으면 남이 먹을 것이 없고 남이 어떤 음식을 먹으면 내가 먹을 것이 없는 것이 아니라 모두가 배불리 먹을 수 있을 만큼 충분한 음식이 준비되어 있는 뷔페와 같은 곳이라고 생각합니다.

그러니 사촌이 땅을 사도 배 아파하지 맙시다. 내가 못 먹는 밥이라고 재를 뿌리는 치사한 사람도 되지 말고요. '너 죽고 나 죽자.'라는 물귀신이 되어서는 더더욱 안 될 일입니다.

질투에 집착하면 내 배만 아플 뿐입니다. 나는 나대로 최선을 다하고 또 상대도 잘되기를 빌어주면서 기쁨을 함께 나눌 수 있는 사람, 그렇게 '부족의 심리'가 아니라 '풍족의 심리'를 가진다면 나도 우리 사회도 더 건강해지지 않을까요.

> **Q** 주위 사람이 잘되는 것을 보고 질투심에 불타오른 적이 있나요? 질투심의 결과가 나에게 이로움을 주었나요, 해로움을 주었나요?

 U턴 처방전

다른 사람과 자신을 비교하기보다 자기가 목표했던 자기 모습과 현재의 자기 모습 사이를 비교하는 것으로 관점을 바꿔 보면 어떨까요? 그리고 나도 상대도 함께 잘되기를 바라고 노력한다면 우리 모두에게 훨씬 이득일 것입니다.

심혈관계 스트레스의 주범,
적개심

"원수를 사랑하라."

다 아시다시피, 성경에 나오는 예수님 말씀입니다. 기독교의 근본정신은 사랑입니다. 예수님은 나를 사랑해주는 사람뿐만 아니라 나를 미워하는 사람까지도 사랑하라고 가르쳤지요. 이 말씀은 정신의학적으로도 아주 중요하고 타당합니다.

우리는 굳이 원수가 아니라도 화가 나고 적개심에 불타는 경우가 많습니다.

운전을 하고 있는데 갑자기 어떤 차가 차선을 변경해 앞으로 들어올 때, 경적을 울리고 라이트를 번쩍이며 분노감과 적개심을 보이는 사람이 있습니다. 그 차를 따라잡으려고 무리하게 운전을 하거나, 운전하며 욕하고 손가락질하다가 사고가 나는 경우도 있지요.

가장 사랑하는 사이라고 볼 수 있는 부부도 원수처럼 싸우는 경우가 많습니다. 부부싸움을 흔히들 '칼로 물 베기'라고 하지만, 이것은 서로가 이해하고 협조한다는 전제 하에서만 가능한 얘깁니다. 비록 부부싸움이라 해도 적대감을 갖고 있다면 칼로 물 베기가 아니라 건강을 해치게 됩니다.

미국 유타대학교 티모시 스미스 박사의 연구결과에 의하면 부부싸움을 할 때에도 화를 많이 낼수록, 적대감이 높을수록 스트레스 호르몬이 현격히 증가한다고 합니다. 아마 많은 분들이 부부싸움을 할 때 갑자기 혈압이 오르거나 심장에 부담을 느낀 경험이 있을 겁니다. .

화를 많이 내면, 혹은 적대감이 높으면 우리 몸은 어떤 영향을 받을까요?

적개심이 높은 사람들은 정신건강을 해치는 것은 물론 에피네프린, 코티솔 등 스트레스 호르몬 분비가 높아져서 신체건강에도 부정적 영향을 미칩니다. 메이어 프리드먼과 레이 로잰만에 의하면 적개심은 특히 관상동맥, 고혈압, 심혈관계 질병이나 요절과 높은 연관성이 있다고 합니다.

적개심이 높은 사람이 사고 날 확률이 높다고 하는 연구도 있고요, 화를 자주 내는 사람은 우리 몸의 면역기능이 떨어져 질병이나 암에 걸릴 확률도 높다고 하지요.

습관적으로 화를 잘 내고 공격적인 행동까지 하고 적개심이 높은 성격을 가진 이들도 있는데, 이렇게 적개심이 높은 성격의 소유자들을 A형 성격이라고 합니다. 참고로 혈액형 분류 중 하나인 A형과는 다른 것입니다. 이런 A형 성격인 분들에게 당부하고 싶습니다.

"건강을 위하여 지나친 화를 삼갑시다."

화 조절이 잘 안 된다면, 당장 생명보험에 가입하는 것이 나을지도 모릅니다. 화를 내면 상대방도 기분이 상하지만 본인의 건강에도 그만큼 치명적일 수 있다는 말입니다.

적개심을 버리는 가장 좋은 방법은 사랑하는 마음과 용서하는 마음을 갖는 것입니다.

어느 날 한 제자가 예수님께 질문합니다.
"예수님, 만일 나의 형제가 나에게 잘못을 저지르면 어떻게 해야 합니까?"
예수님이 답합니다.

"용서해주어라."

그가 살았던 '눈에는 눈', '이에는 이' 하던 시기에 용서라는 것은 엄청난 급진적 개념이었을 겁니다.

제자가 다시 묻습니다.
"그래도 계속 잘못하면 어떻게 합니까?"
예수님이 대답하죠.
"계속 용서해주어라."

대답을 들은 제자가 또다시 묻습니다.
"몇 번까지 용서해주어야 합니까? 한 일곱 번쯤 용서해주면 될까요?"
예수님이 대답합니다.
"일곱 번이 아니라 70번씩 일곱 번이라도 용서해주어라."

그런데 그 제자가 또 찾아와 묻습니다.
"예수님, 만일 누가 내 물건을 빼앗으려 하면 어떻게 해야 합니까?"
예수님이 대답하지요.
"속옷을 달라고 하면 겉옷까지 모두 내어주고, 네 오른 뺨을 때리면 왼쪽 뺨까지 내밀어라."

제자의 끈질긴 질문에 화를 냈을 법도 하지만, 예수님은 한 번도 화를 내지 않고 끝까지 차분하게 대답합니다. 기독교의 주기도문에는 "우리가 우리에게 죄지은 자를 사하여 주는 것과 같이, 우리의 죄를 사하여 주옵시고"라는 구절이 있습니다. 용서가 그만큼 중요함을 깨우쳐주고 있는 것이지요.

남을 용서할 줄 아는 사람이 그렇지 않는 사람보다 정신적 신체적으로 더 건강한 것으로 나타났다는 연구 결과는 이미 많습니다. 용서는 나에게 상처를 준 사람을 해방시켜주는 일이 아니라, 그 사람을 향한 원망과 분노와 증오에서 나 자신이 해방되는 일입니다. 지금 우리 사회처럼 양극화와 적대감이 증가하는 사회에서는 '용서'의 마음이 매우 필요합니다.

미국 버지니아 코먼웰스 대학교 심리학과 에버렛 워딩턴 교수는 1995년 자신의 어머니가 강도에게 살인을 당한 후, 살인자를 용서하는 문제를 놓고 오랜 기간 연구한 끝에 용서의 기술 5단계를 제시했습니다. 그가 제안한 '용서의 기술 5단계(REACH)'는 다음과 같습니다.

첫 번째_ 상기하기(Recall)
　　　　상처를 부인하지 말고 최대한 객관적으로 끄집어낸다.

두 번째_ 공감하기(Empathize)
　　　　나에게 상처를 가한 사람과 입장을 바꿔 생각해본다.

세 번째_ 이타적인 마음 갖기(Altruistic gift)

상대를 용서해 자신 안의 자유를 느낀다.

네 번째_ 약속하기(Commit)

상대를 용서하기로 나 자신과 약속한다.

다섯 번째_ 견디기(Hold on)

용서의 결정에 회의가 생기더라도 그 마음을 유지하도록 노력한다.

비단 가톨릭, 기독교의 종교인뿐만 아니라 타 종교인이나 비종교인들도 예수님을 존경하는 것은, 자신의 말을 몸소 실천했기 때문일 겁니다. 예수님은 십자가에 매달려 죽는 순간에도 자신을 죽이려는 사람들을 위해 기도했다고 하지요. 자기를 죽이려는 자를 용서와 사랑으로 대한 것입니다.

평범한 사람들 입장에선 무조건 참고 용서해준다는 것이 쉬운 일은 아닙니다. 우선 자기와 가까운 사람부터, 그리고 작은 것부터 용서와 사랑을 실천하는 것을 연습해봐야 합니다. 용서하는 마음도 계속 시도해봄으로써 더 잘할 수 있습니다.

그동안 증오와 적개심으로 기억했던 이들이 있다면, 모두 용서하고 사랑으로 충만한 삶을 살기를 바랍니다.

"믿음과 소망과 사랑, 그중에 제일은 사랑이라."

Q 지금 당신에게 떠오르는 원수(미운 사람)가 있나요? '용서의
기술 5단계(REACH)' 에 따라 차분히 생각해보세요.

 U턴 처방전

용서는 영어로 'forgive'입니다. 말 그대로 '누구를 위해 준다.'는 뜻이
지요. 우리는 누구를 위해 용서할까요? 용서하는 가장 큰 이유는 나
자신을 위해서입니다. 용서는 나에게 상처를 준 사람을 해방시켜주는
일이 아니라 그 사람을 향한 적개심, 원망, 분노, 증오로부터 나를 해
방시키는 일입니다.

위험을 알려주는 뇌 속의 불안경보기,
공황장애

2012년 이후 유명 연예인들이 공황장애를 겪고 있다는 것을 공개적으로 밝히면서 이제는 '공황장애'라는 단어가 낯설지 않게 되었습니다. 그래서일까요? 공황장애는 한때 '연예인 병'으로 불리기도 했지요. 결론부터 말하면 공황장애는 연예인만 걸리는 연예인 병이 아닙니다.

그러나 아직도 공황, 공황발작, 공황장애에 대한 일반인들의 오해와 편견이 많이 있습니다.

저에게 공황장애를 진단받고 치료하여 증상이 완전히 호전된 중년 여성 환자분이 딸에게 "엄마가 공황장애로 치료받았어."라고 했더니, 딸이 "엄마가 무슨 연예인이야?"라고 말했다는 웃지 못할 에피소드가 있습니다.

공황장애의 평생 유병율은 3% 정도로, 흔한 질병이지요. 우리나라 인구를 5,000만이라고 한다면, 150만 명이 일생에 한 번은 공황장애를 앓는다는 의미입니다. 자신이 공황장애가 있다고 공개적으로 말한 연예인들은 남자가 많았지만, 실제 공황장애는 일반적으로 여성이 남성보다 약 2배 많습니다.

'공황장애'를 '공항장애'로 알던 시절, 공황장애 환자는 네 번 놀랐습니다. 마치 심장마비 또는 뇌졸중이 발생한 것처럼 죽을 것 같은 공황발작 증상에 놀라고, 신체적 질병인 줄 알았던 공황장애가 정신건강의학과 질병임에 놀라고, '공황발작', 즉 '발작'이라는 단어에 놀라고, '공황장애'의 '장애'라는 단어에 놀랐지요.

아무튼 용기 있는 그들의 고백에 동시대를 살아가고 있는 정신건강의학과 의사의 한 사람으로서 깊은 감사의 마음을 전합니다. 이러한 흐름에 힘입어, 공황장애에 대한 인지도와 정신과 치료의 수용도가 과거보다 높아지면서 치료받는 공황장애 환자 수가 증가하고 있습니다.

국민건강보험공단의 자료에 따르면, 공황장애로 진료 받은 환자는 지난 2010년 약 5만 명에서 지난 2020년에는 약 20만 명으로 10년 동안 4배 가까이 늘었습니다.

공황은 생명에 위협을 느낄 정도의 상황에서 누구에게서나 나타날 수 있는 갑작스러운 급성 공포 불안으로 정상적인 정신·신체 반응입니다.

밤에 혼자 외진 길을 가다가 호랑이가 바로 앞에 나타났다고 상상해보자고요. 누구나 심장이 급격하게 두근거리고, 숨이 턱턱 막히며, 진땀이 나고, 손발이나 온몸이 떨리는 등의 반응을 보이면서 '내가 죽을 수 있겠구나.' 하는 엄청난 공포감을 경험하게 될 것입니다.

실제 위험한 상황에서 나타나는 불안은 위협적인 환경에 적응하고자 하는 가장 기본적인 반응이며, 앞서 언급했듯이 불안은 우리가 스스로를 보호할 수 있게 도와주는 중요한 기능을 하고 있습니다. 위험한 상황에서 아무런 불안을 느끼지 않는다면 오히려 우리 생명을 유지하기 어렵거나 위험에 처하게 될 테니까요.

그럼 공황과 공황발작은 어떻게 다를까요?

공황은 정상적인 반응이지만, 공황발작은 생명에 위협을 느낄 정도의 상황이 아님에도 불구하고 나타나는 갑작스러운 급성 공포 불안으로 비정상적인 정신·신체 반응을 말합니다. 호랑이가 없는데도 불구하고 호랑이가 있는 것과 같은 공황을 느끼는 비정상적 반응이죠.

우리가 일생을 살면서 한 차례 이상 공황발작을 경험할 확률은 약 30% 가까이 됩니다. 공황발작 경험자들의 약 10%, 전체 인구의 약 3%가 공황장애로 진단됩니다. 다시 말해 공황발작이 한 번 일어났다고 해서 모두 공황장애로 진단되는 것은 아닙니다.

공황발작이라는 단어에서 '발작'이라는 단어 느낌은 어떤가요?

아마도 부정적인 느낌을 갖는 분들이 많을 겁니다. 그러나 '발작'이라는 단어는 "병의 증세가 갑자기 나타났다가 비교적 짧은 시간에 사라진다."는 의미로, 긍정과 부정의 뜻은 담겨 있지 않습니다.

이제 공황장애, 공황발작의 본질에 대해 알아볼까요?

이해를 돕기 위해 화재경보기와 비유해보겠습니다. 화재 예방과 빠른 화재 진압을 위해서 건물에 설치된 화재경보기는 매우 중요한 장치입니다. 그런데 화재경보기가 고장이 나서 불이 났는데도 작동을 안 한다면 문제이고, 반대로 지나치게 예민해서 담배 연기에도 작동한다면 이 역시 문제가 됩니다. 화재경보기가 고장 난 걸 모르는 상태에서 화재경보기가 울린다면 건물 안에 있던 사람들은 공포에 질려 우왕좌왕할 것입니다.

화재경보기처럼 우리 뇌 속에도 일종의 불안경보기가 있습니다. 이 불안경보기는 자율신경중추인 뇌간의 청반(locus ceruleus)으로 알려졌고, 인간의 긴급대처 반응을 주관합니다.

불안경보기는 밤길에 강도를 만난다든가 하는 위급 상황이 일어나면 자동으로 작동해서 우리가 재빨리 도망치도록 하거나 맞서 싸울 수 있도록 준비시켜주는 기능을 합니다. 만일 위험이 닥쳤음에도 불안경보기가 작동하지 않는다면 우리는 멍하니 있다가 생명을 잃게 될 확률이 높습니다. 반대로 불안경보기가 너무 예민해서 긴장하거나 두려워할 응급 상황이 아닌데도 공황 발작이 시도 때도 없이 나타난다면 우리 삶에 몹시 불편을 초래할 것입니다.

공황장애를 앓는 사람의 불안경보기가 예민해서 공황발작이 온다는 생각을 전혀 하지 못하는 상태라면 그 불안과 공포는 더욱 커지겠지요.

이제, 공황발작을 의인화해서 공황발작의 입장에서 한번 이야기해보겠습니다.

나는 공황발작이다. 나는 예고 없이 갑자기 사람들을 방문한다. 나는 나의 방문객(공황발작을 겪는 사람)에게, 밤에 외진 길을 가다가 호랑이를 바로 앞에서 만난 것처럼 심장을 급격하게 두근거리게 하고 가슴이 답답해지며 숨이 막혀 질식할 것 같은 호흡 곤란 등 갑작스러운 신체적 증상을 나타나게 한다. 나의 방문객은 '이제 죽겠구나.' 하는 엄청난 공포감과 불안감으로 나를 마주한다. 심지어 내가 방문하지 않을 때조차도 내가 또 오지 않을까 하는 예기불안(anticipatory anxiety)을 느끼며, 심장질환이나 호흡기 질환, 뇌졸중 등의 신체적 질병으로 죽지 않을까 걱정하게 한다. 자라 보고 놀란 사람이 솥뚜껑만 봐도 소스라치듯, 나를 만난 유사한 상황이나 장소만 보고도 두려워 피하게 된다. 결국, 나의 방문객은 공황장애가 깊어지면서 갈 수 없는 곳, 삶 전체에서 할 수 없는 것이 늘어나기 시작하고 방문객의 삶은 위축되며 삶의 반경도 좁아지는 등 공포와 불안은 일상화된다.

나는 내 비밀스런 약점을 하나 이야기하겠다. 내가 보여주는 갑작스런 신체적 증상은 비록 그 순간 힘들고 괴롭겠지만 나의 방문객이 나를 가만히 바라볼 수만 있다면 짧게는 몇 분 이내, 아무리 길어도 일반적으로 한 시간을 버티지 못하고 사라진다. 또 나는 우리 속에 갇힌 호랑이와 같아서 내 방문객의 생명을 앗아갈 수는 없다. 그러니 나를 너무 무서워하지 않아도 된다.

다음으로 예비 공황장애 환자인 우리의 입장을 생각해볼까요?

우리는 상황이 우리를 힘들게 한다고 생각하기 쉽지만, 상황에 대한 잘못된 생각이 우리를 힘들게 하는 경우가 더 많다는 사실을 알아야 합니다. 우리는 자신의 생각을 인식할 수 있다고 생각합니다. 그러나 우리가 인식을 못할 만큼 자동으로 빠르게 반응해 생각을 유심히 바라보지 않으면 알기 어려운 경우가 더 많습니다. 이러한 생각을 정신의학적 용어로 '자동적 사고(automatic thought)'라 합니다. 대부분의 경우 자동적 사고는 매우 빨라서 우리가 인식하기 어려운데, 많은 경우 자동적 사고는 부정적으로 왜곡되어 있습니다.

공황장애에서 왜곡된 자동적 사고의 대표적 예는 '파국적 해석 오류(catastrophic misinterpretation)'입니다.

예를 들어 공황발작의 신체증상을 죽을 것 같다고 잘못 생각한다면 오히려 교감신경계가 흥분돼 더 불안해질 것입니다. 또 공황발작이 오면 그 결과는 엄청난 것이어서 자신이 아무 대처도 할 수 없을 것 같다고 잘못 생각한다면 공황장애는 더 악화되겠지요. 공황발작이나 그 증상에 대한 정확한 이해 그리고 파국적 해석 오류의 왜곡된 자동적 사고와 이에 뒤따르는 역기능적 행동을 바로잡아주는 일은 공황장애 인지행동치료(Cognitive Behavioral Therapy, CBT)의 시작입니다.

공황장애의 인지행동치료는 미국정신과의사협회의 공황장애 치료지침과 한국형 공황장애 치료지침에서도 약물치료와 더불어 가장 권고하는 치료입니다.

우리를 고통스럽게 하는 것은 상황 자체가 아니라 그 상황을 해석하는 방식이듯, 공황장애도 공황발작이라는 증상 자체의 문제보다 그 증상을 바라보는 생각과 행동이 더 중요합니다.

한편, 공황장애라는 용어에서 '장애'라는 표현에 대해, 일반인들은 공황장애에서의 장애(disorder)를 장애(disability)로 오해하는 경우가 굉장히 흔합니다.

장애(disability)는 두 가지 의미가 있는데, 첫 번째는 태어날 때부터 신체나 정신 능력에 결함을 가지고 있다는 의미가 있고, 두 번째는 치료를 하더라도 정상으로 돌아가기 힘들다는 의미도 있습니다.

그래서 정신건강의학과 진단명의 장애(disorder)를 장애(disability)로 오해해서 놀라곤 합니다. 공황장애에서의 장애(disorder)는 장애(disability)의 의미가 아닌 병이라는 의미입니다. 병은 원래는 정상적이었으나 어떤 이유로 몸이나 마음에 문제가 생겼고 적절한 치료를 받으면 정상적으로 돌아갈 수 있는 것이지요. 감기도 병입니다.

한마디 덧붙이자면, 장애(disorder)든 장애(disability)든, 어떠한 장애도 차별받지 않아야 합니다. 또한, 우리 스스로 장애에 편견을 가지고 낙담하고 포기하거나 우리의 일상과 희망을 저버리면 안 됩니다. 그 어떠한 장애도 우리의 소중한 인생을 막을 수는 없습니다.

일반인들이 공황장애를 정신과 병으로 인식하지 못하는 이유에는 정신과 병에 대한 편견뿐만 아니라 발현되는 공황장애 증상에도 있습니다. 공황장애는 예상치 못하는 공황발작 증상이 반복적으로 있어야 하는데, 의학적으로 공황발작은 아래 13가지 증상 중, 4가지 이상이 갑자기 동시에 나타나는 경우입니다.

① 맥박이 빨라지거나 가슴이 심하게 두근거리거나, 심장이 빨리 뛴다.

② 가슴 부위에 통증이나 불편감이 느껴진다.

③ 숨이 가쁘거나 답답한 느낌이 있다.

④ 질식할 것 같다.

⑤ 땀이 많이 난다.

⑥ 화끈거리거나 추운 느낌이 있다.

⑦ 손발이나 몸이 떨린다.

⑧ 감각이상(감각이 따끔거리거나 둔해지거나 하는 느낌)이 있다.

⑨ 어지럽거나 불안정하거나 멍한 느낌이 들거나 쓰러질 것 같은 느낌이 있다.

⑩ 메스껍거나 복부 불편감이 있다.

⑪ 비현실감(현실이 아닌 것 같은 느낌) 또는 이인증(내가 아닌 느낌, 자신으로부터 분리되어 있는 느낌)이 있다.

⑫ 스스로 통제할 수 없거나 미칠 것처럼 두렵다.

⑬ 죽을 것 같은 공포감이 든다.

공황발작 증상을 구분해서 살펴보면, 심폐계 증상군(①~④), 신경계 증상군(⑤~⑨), 소화기계 증상군(⑩), 인지정신증상군(⑪~⑬)으로 나눌 수 있는데, 인지정신 증상보다 심폐계 증상, 신경계 증상, 소화기계 증상 등 신체적 증상이 더 많습니다. 때문에 공황장애 환자들은 심장내과 혹은 호흡기내과를 많이 방문합니다. 또 신경과를 방문하거나, 드물게 소화기내과에 방문하기도 하지요.

증상이 심한 경우 응급실을 방문하지만, 공황장애는 심장, 호흡기계, 신경계, 소화기계 자체의 병이 아니기 때문에 각종 내과 및 신경과적 검사에서는 이상 소견이 발견되지 않습니다.

공황장애 환자는 심장마비, 천식, 뇌졸중 등을 연상하는 갑작스러운 신체적 증상 때문에 심전도, X-레이, 혈액검사, 뇌영상 검사 등 여러 가지 검사를 받게 됩니다. 그러나 의사들은 아무런 이상도 발견되지 않는다고 말합니다. 환자는 검사 상 아무런 이상이 없다는 의사의 말에 의문을 가집니다.

"그렇다면 죽을 뻔한 무서운 증상은 무엇이란 말인가?
이게 꾀병이란 말인가? 신경성이라는데 무슨 신경성이 이렇게 심한 증상으로 나타나지? 또 신경성이라면 내가 정신적으로 결함이 있거나 의지력이 약하단 말인가?"

그러고는 검사가 잘못 되었거나 보통 검사로는 찾아낼 수 없는 병일지도 모른다는 생각에 이 병원, 저 병원 그리고 더 큰 병원을 찾아다니면서 온갖 고가의 정밀 검사를 받습니다. 심지어는 위험성이 있는 특수 검사를 해 보자고 조르기도 합니다. 그래도 의사들은 여전히 아무 이상이 없다고 하니 답답한 노릇이지요.

여러 병·의원을 거쳐 저에게 와서 공황장애를 진단받고 죽지 않는 병이라는 설명을 듣고 오히려 안도하는 환자분들을 많이 봅니다. 병을 진단받았는데 오히려 안도하는 경우는 임상에서는 드문 일이지요.

일반인들은 신체적 증상이 있으면 신체적 병이라고 생각하기 쉬운데, 반드시 그렇지는 않습니다. 공황장애의 경우 신체적 증상들이 많이 나타나지만, 신체적 병이 아니지요. 공황장애는 뇌의 불안 중추인 뇌간의 청반 기능 이상에 기인한 불안장애의 일종으로 정신과 병입니다. 당뇨나 고혈압이 누구에게나 올 수 있는 병이며 전문적인 치료가 필요하듯, 공황장애도 누구에게나 올 수 있는 병이며 전문적인 치료가 필요합니다.

소를 잃었으면 외양간을 고쳐야 합니다. 소를 잃고 소와 관계없는 곳을 고치는 우를 범하지 말아야 하듯이 건강을 잃어 병을 얻었다면 그 병에 대한 정확한 진단과 그에 맞는 전문적인 치료를 받아야 합니다.

공황은 정상적 반응이며 공황발작은 비정상적인 반응이나, 모두 공황장애는 아닙니다. 공황장애는 장애(disability)가 아닌 병으로 전문적인 치료를 받으면 당연히 정상적으로 돌아갈 수 있습니다.

Q 갑자기 아무런 이유 없이 공황발작의 13가지 중 4가지 이상의 증상이 동시에 나타난 경우가 있었나요? 있었다면 언제 어디서 어떤 증상이 있었나요? 그러한 증상들은 몇 분 동안 지속되었나요? 그러한 증상이 살아오면서 몇 번 정도 있었나요?

 U턴 처방전

우리를 고통스럽게 하는 것은 상황 자체가 아니라 그 상황을 해석하는 방식이듯, 공황장애도 공황발작이라는 증상 자체의 문제보다 그 증상을 바라보는 생각과 행동이 더 중요합니다. 공황장애를 알고 나를 알면 공황발작이 백 번 와도 위태롭지 않습니다.

걱정에 대한 정신의학

옛날 중국 기(杞)나라에 걱정이 많은 사람이 살았습니다. 그는 만약 하늘이 무너지거나 땅이 꺼지면 몸을 지탱할 곳이 없어지지 않을까 걱정하여 밤잠을 이루지 못하고 식음을 전폐할 지경이 되었지요. 그런데 그 걱정남을 위로하는 친구 위로남이 있었습니다. 이 위로남이 걱정남을 찾아가 말해줍니다.

"하늘에는 공기가 쌓여 있을 뿐이네. 공기가 무너질 리도 없고, 설사 무너진다 해도 다칠 이유가 없네. 우리는 이미 공기 가운데서 움직이며 숨 쉬고 있지 않은가. 왜 괜한 걱정을 하나?"

"땅은 흙이 쌓여 이루어진 것일세. 사방에 꽉 차 있는 흙이 어디로 꺼지겠는가? 저 수많은 사람과 무거운 집, 태산까지도 받쳐주는 대지가 아닌가? 괜한 걱정일랑 말게."

여기에서 나온 유명한 고사성어가 '기우(杞憂)'지요. '기 나라 사람의 걱정' 다시 말해 쓸데없는 걱정을 두고 하는 말입니다.

제가 임상연구원으로 있었던 하버드 의과대학 메사추세츠 종합병원의 정신건강의학과 의사 조지 월튼에 의하면, "절대로 발생하지 않을 일에 대한 걱정이 40%, 이미 일어난 일에 대한 걱정이 30%, 별로 신경 쓸 일이 없는 사소한 일에 대한 걱정이 22%, 우리가 도저히 바꿀 수 없는 일에 대한 걱정이 4%, 우리가 바꿀 수 있는 일에 대한 걱정이 4%"라고 합니다. 우리가 하는 걱정의 대부분이 해 봤자 의미 없는 것이라는 얘기겠죠.

인생을 80년이라고 가정했을 때, 일하는 시간 26년, 잠자는 시간 22년, 걱정하는 데 쓰는 시간은 10년, 먹고 마시는 시간은 6년이라고 합니다. 먹고 마시는 시간보다 걱정하는 데 쓰는 시간이 더 많다니 놀랍지 않나요?

걱정이 많아 진료실을 찾은 환자분들에게 저는 이렇게 묻곤 합니다.
"걱정을 하면 상황을 바꿀 수 있나요?"
상황을 바꿀 수 없는 일이라면 걱정은 의미가 없다는 것을 스스로 깨우치시길 바라면서 말이죠.

또 묻습니다.

"이미 일어난 일인가요?"

이미 일어난 일이라면 무의미한 걱정보다는 상황을 현실적으로 잘 수습하기를 바라면서 말이죠.

아직 일어나지 않은 일이라면 "그 일이 일어나면 걱정을 하시라."는 말 대신 "그 일이 일어날지 안 일어날지 저와 내기를 하자."고 농담을 건넵니다. 이제까지 저랑 내기를 하자는 환자분은 없었습니다. 일어날 확률이 적다는 것을 모두 아시더군요.

각설하고, 유난히 걱정이 많은 분들의 특징을 살펴보면, 앞의 기나라 사람처럼 현실적 고통보다 부정적 상상 속의 고통 때문에 더 많은 고통을 받습니다. 그 일이 현실적으로 일어나지 않거나 일어날 확률이 적은 일임에도 불구하고 미리 걱정을 많이 합니다. 자동차 하면 사고, 아이가 학교에서 약간 늦게 오면 유괴, 밤거리는 강도, 내가 새로 사업을 시작하는 것은 실패, "내가 하면 되는 일이 없어"라는 식으로 자동적으로 부정적인 사고를 하게 됩니다.

또 어떤 문제가 생겼을 때 차분하게 해결점을 찾기보다는 바로 부정적인 사고를 하게 되는 경향이 높습니다. 어려운 일이 닥치면 "이제 우리는 완전히 망했다.", "이거 큰일 났구나."라고 생각하게 됩니다.

"호랑이 굴에 들어가도 정신만 차리면 살 수 있다."라는 말이 있습니다. 그런데 걱정을 많이 하는 사람들은 부정적 상상에 의한 공포로 호랑이가 잡아먹기도 전에 지레 겁먹고 스스로 죽어버릴 수도 있습니다. 그런데 알고 보니 호랑이 굴이 아니었다면, 얼마나 억울할까요?

여기서 잠깐, 실제 죽을 수 있다는 상상만으로도 죽을 수 있을까요?

19세기 유럽에서 무아메드라는 사형수에 대한 광기의 인체실험이 있었습니다. 사형수의 눈을 가리고 팔다리는 묶어 꼼짝 못하게 한 다음 메스로 상처를 내고 양동이에 혈액을 받았지요. 사형수는 암흑 속에서 양동이에 핏방울이 떨어지는 '똑, 똑, 똑' 소리만 들을 수 있었습니다. 사형수의 얼굴은 점점 창백해지고 혈압은 계속 떨어지더니 결국 그대로 죽고 말았습니다.

그런데 실은 똑똑 떨어진 것이 피가 아니었습니다. 날카롭지 않은 칼로 다치지 않을 정도로 피부를 살짝 그은 다음 그 위에 미리 준비된 체온과 비슷한 섭씨 36도 정도의 미지근한 물을 부어 피가 흐르는 것처럼 착각하게 만든 것이죠. 밑에는 물통을 놓아두어 물방울이 떨어지도록 하고 단순히 물방울이 떨어지는 소리만 들려줬을 뿐입니다. 그러나 사형수는 자기 몸에서 피가 빠져나가고 있으니 곧 죽겠다는 의식만으로 죽음에 이른 것입니다. 죽을 수 있다는 상상만으로도 죽음을 부른 사례입니다. 요즈음이라면 이런 실험은 절대 할 수 없는 일입니다.

마음출구 있음_ YOU TURN

다시 본론으로 돌아가서, 걱정이 많은 사람이 부정적인 상상을 줄이는 것이 쉽지 않습니다. 그렇다면 걱정이 나를 힘들게 할 때 어떻게 하면 좋을까요?

첫째, 걱정을 하지 않으려고 노력하지 말고, 오히려 자신이 걱정을 하고 있다는 것을 알아차리고 수용해야 합니다. 왜냐하면 인간의 뇌는 걱정을 하지 않으려고 노력할수록 걱정이 사라지는 게 아니라 더 커지기 때문입니다.

1987년 하버드대학교 심리학과 교수인 대니얼 웨그너 교수는 실험을 통해 "걱정하지 않을 거야, 걱정은 쓸데없는 거야."라고 생각할수록 걱정들이 더 많이 머릿속에 떠오르기 쉽다는 사실을 확인했습니다. 오히려 "나는 지금 이런 걱정을 하고 있구나."라는 것을 알아차리고 수용하는 것이 훨씬 나은 거죠.

둘째, 하루 중 특정 시간을 정해 놓고 10분만 걱정합니다. 걱정이 많은 사람들은 평소 걱정하느라 시간을 많이 빼앗긴다고 걱정합니다. 정해진 시간이 되면 걱정을 멈추기 위한 어떤 행동도 하지 말고, 그저 걱정만 하는 겁니다. 단, 걱정을 할 때는 지침이 있습니다. 머릿속에서 생각했던 걱정들을 하나씩 글로 적어보는 것입니다. 걱정들이 글로 정리되어 옮겨지는 동안 마음이 차분해지면서 보다 이성적으로 상황을 바라볼 수 있게 됩니다. 글을 쓴 후에는 가능한 타인의 시선으로, 객관적 입장에서 자신의 걱정을 살펴봅니다.

지금 걱정을 하면 더 나은 해결책을 찾아 상황을 바꿀 수 있는가?

내가 해결할 수 없는 일을 걱정하고 있는 것은 아닐까?

걱정하고 있는 일들이 실제로 내게 닥칠 확률은 얼마나 될까?

사소한 일을 내가 걱정으로 일을 더 크게 만들고 있지는 않은가?

차분히 걱정들을 적고 읽다보면, 내가 그토록 괴로워하던 걱정이 실제로는 그토록 괴로워해야 할 일이 아님을 깨닫게 될 것입니다.

셋째, 걱정 시간이 아닌데도 걱정이 된다면, 걱정의 초점을 다른 것으로 돌려봅니다. 특정한 대안을 떠올려서 생각의 흐름을 바꾸는 것을 '초점 전환(focused distraction)'이라고 하는데, 특히 걱정이라는 생각의 영역에서 다른 영역으로 전환하면 더욱 도움이 됩니다.

예를 들면 걱정이라는 생각의 영역을 감각이라는 영역으로 전환하는 거죠. 음악 소리에 집중해도 좋고, 아로마 향에 집중해도 좋고, 아름다운 풍경에 집중해도 좋고, 호흡에 집중해도 좋습니다. 신체 감각으로 있는 그대로의 느낌에 주의를 기울여 집중하면 됩니다. 또는 신체 활동 영역으로 전환해도 좋습니다. '단순 반복 행동', 예를 들면, 설거지를 해도 좋고 청소를 해도 좋고 밖에 나가 산책을 해도 좋습니다.

Q 최근 7일 동안 마음을 괴롭히는 걱정이 있었나요? 있었다면 그 걱정은 바꿀 수 있는 걱정인가요? 아직 일어나지 않은 일이라면 일어날 확률이 몇 % 정도인가요?

U턴 처방전

"걱정해서 걱정이 없어지면 걱정이 없겠네."라는 티베트(Tibet) 속담이 있습니다. 걱정한다고 해서 걱정이 없어지진 않습니다.

걱정도 깊어지면 병,
범불안장애

불안의 사전적 의미는 '마음이 편하지 않다'는 뜻입니다. 불안은 '아직 오지 않은 미래가 안전하지 않을 것이라는 느낌이나, 걱정하는 마음'이지요. 누구나 오지 않은 미래를 알고 싶어 하고 예측하고 싶어 합니다. 그러나 미래는 예측하는 것이 아니라, 준비하고 만드는 것입니다.

적정 수준의 불안은 미래를 준비하는 데 생산적이고 유용한 측면이 있습니다. 과학적 연구는 적정한 불안이 수행능력을 향상시켜 보다 미래를 잘 준비하게 만든다는 사실을 입증하고 있습니다.

사람들은 학업이나 업무, 운동 등을 할 때 적정 수준의 불안이 있으면 더 잘

하게 됩니다. 어떤 사람이 시험을 앞두고 전혀 불안하지 않다고 상상해봅시다. 그 사람은 아마 시험을 잘 치기 위해 최선의 노력을 다하려는 동기가 거의 없을 것입니다.

우리는 불안 덕분에 미래에 대비하고 그 과정에서 성장합니다. 앞에서도 언급해왔지만 불안은 우리의 생존을 위해 유익한 감정이며, 불안 자체가 병적인 것은 아닙니다.

그러나 때로 너무 많은 불안은 사람들의 일을 방해하지요. 시험에 대한 불안이 너무 심해서 공부하는 데 집중이 안 되는 사람도 있습니다. 적당한 불안은 학습과 업무 수행에 도움을 주지만 지나친 불안은 오히려 학업과 업무 수행을 방해한다는 개념을 여키스-도슨 법칙이 말해주고 있습니다.

하버드 대학교의 로버트 여키스와 존 도슨은 불안(또는 스트레스)은 어느 정도까지는 수행능력과 효율성을 증가시키지만, 그 이상이 되면 수행능력과 효율성이 오히려 감소하기 시작한다고 했습니다.

선을 넘는 불안, 병적 불안(pathological anxiety)은 미래에 일어날 일들에 대해 특별한 이유 없이 막연하게 그 결과를 재앙적으로 예측하기에 문제가 됩니다.

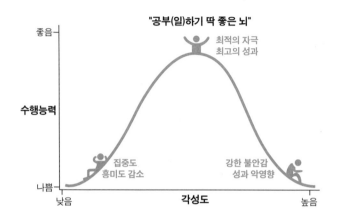

병적 불안으로 과도한 심리적 고통을 느끼거나 현실적인 적응에 심각한 어려움을 겪는 질환을 불안장애라고 합니다. 불안장애에는 여러 질환이 있는데, 우리에게 비교적 친숙해진 진단명 공황장애도 불안장애의 일종이지요.

불안장애의 대표적인 질환은 일반 대중들에게 공황장애에 비해 잘 알려지지 않았는데, 범불안장애(汎不安障碍, generalized anxiety disorder)입니다. 《정신질환의 진단 및 통계 편람 5판(Diagnostic and Statistical Manual of Mental Disorders Fifth Edition, DSM-5)》에 따르면 범불안장애 진단 기준의 핵심적인 특징은 일상생활을 할 때 사소한 일에도 지나치게 불안해하고 과도하게 걱정하는 상태를 말합니다.

범불안장애의 핵심은 '걱정'입니다. 걱정은 과거보다는 미래를 향해 있습니다. 우리는 불확실한 미래에 대해 걱정하면 더 나은 해결책을 찾을 수 있다고 믿지만, 과도한 걱정은 오히려 더 큰 걱정을 가져오고 불안을 증폭시킵니다.

공황장애의 평생 유병률은 3%인데, 범불안장애의 평생 유병률은 9% 정도로 알려져 있습니다. 흔한 병임에도 진단이 잘 되지 않아 적절한 시기에 치료를 놓치는 경우가 많습니다. 범불안장애의 특징은 다음과 같습니다.

첫째, 남이 느끼기엔 크게 걱정하지 않아도 될 일을 걱정하기 때문에, 또한 상당히 오랫동안 지속되는 만성적 특성이 있기에 '예민한 성격'으로 치부되기 쉽습니다. 따라서 걱정이 많은 것은 자신의 예민한 성격이 문제라 생각하고 병으로 보지 않는 경우가 많지요. '걱정도 팔자'라는 말이 있는데, 유난히 걱정이 많다면 범불안장애일 수 있습니다.

또 범불안장애 불안의 특징은 '부동성'입니다. 일상적인 삶 속에서 불안이 너무나 만연해 있기에, 일상 상황이나 활동에서 막연하게 둥둥 떠다닌다는 의미에서 '부동성 불안'이라고 합니다.

갑자기 짧은 기간 극심하게 삽화적으로 일어나는 공황장애에 비해 서서히 극심하지 않은 양상으로 발병하고 지속적이고 만성적인 경향이 있습니다. 따라서 어떤 특정 상황에서의 불안감이 아니고 갑작스럽게 심각한 양상으로 나타나는 것이 아니므로, 이를 병이라 생각하지 않고 성격이라 생각해 간과하는 경우가 많습니다.

둘째, 범불안장애는 만성적인 자율신경계의 과잉각성 증상으로 인해 신체적 증상으로 많이 나타납니다.
특히 우리나라는 불안의 감정 표현이나 걱정의 인지적 표현보다 신체적 증상을 호소하는 경우가 훨씬 많습니다.

예를 들면 두통, 근육통, 피로감, 소화불량, 가슴 두근거림, 숨이 참, 빈맥, 빈뇨, 급박뇨, 땀이 남, 목안의 이물감, 안검경련, 손발 떨림, 손발 저림, 어지러움, 얼굴이나 가슴이 화끈거림 등의 신체적 증상입니다. 따라서 신체 불편감이 우세하므로 신체장애의 일종이라 생각하고 소화기내과, 심장내과, 호흡기내과, 이비인후과, 신경과, 산부인과, 비뇨기과 등을 전전하며 정신건강의학과로 방문하는 경우는 드뭅니다.

셋째, 범불안장애 환자는 불안과 걱정이 아닌 다른 증상들을 호소하는 경우가 많습니다.
불안하고 걱정이 되어서 잠들기 어렵고 자주 깨는 불면증이 나타나지만, 그냥 '불면증'으로만 호소합니다. 불안과 걱정이 꼬리에 꼬리를 물어 에너지가 소진되어 피곤한 것을, 그냥 '만성피로'라고 생각하는 거지요. 또 불안과 걱정으로 머리가 멍하고 집중력이 떨어진 것을, 그냥 '주의력 저하'라고 호소합니다.

따라서 범불안장애의 진단이 가려져 놓치는 경우가 많습니다. 모든 질환은 조기 진단, 조기 치료가 중요합니다. 범불안장애는 대개 청소년기 후반에서 성인 초기에 많이 발병되는 것으로 알려져 있지만, 중년기에 진단받는 비율이 훨씬 높은 것도 조기 인지가 안 되기 때문으로 볼 수 있습니다. 범불안장애 환자의 3분의 2 이상이 10년 이상 경과 후 정신건강의학과를 내원하는 등 진료가 늦어지는 경향을 보입니다.

범불안장애를 제대로 치료받지 못하면 예후가 좋지 않을 뿐만 아니라, 공황장애, 우울장애, 알코올 의존, 약물 남용 등의 합병증으로 발전할 수 있고, 삶의 질을 현격히 떨어뜨리기 때문에 조기에 인지하고, 전문의를 찾아 진단받고 치료를 받아야 합니다.

Q 최근 7일 동안 스스로 통제할 수 없는 걱정으로 몹시 불안하고 괴로운 적이 있었나요? 함께 동반되는 신체적 증상이 있나요? 이로 인해 잠들지 못하거나 잠들더라도 깊이 자지 못하고 자주 깬 적이 있었나요?

U턴 처방전

적정 불안은 많은 것을 배우고 대비하게 하고 성장하게 해줍니다. 그러나 불안이 적정선을 넘어 깊어지면 병이 될 수 있습니다. 병적 불안은 많은 것을 잃게 할 수 있습니다. 바늘 도둑이 소 도둑 되기 전에 전문적인 정신건강의학과 진단과 치료가 필요할 수 있습니다.

자존심을 보호하려는 눈물겨운 방어기제, 합리화

인간은 불완전한 존재입니다. 우리는 자신의 욕구와 좌절 사이에서 갈등을 느낍니다. 그 결과 마음의 평화가 깨어지고 불안하게 되는데, 이때 불안과 내적 긴장을 완화시킬 수 있는 다양한 심리적 기교를 사용하게 됩니다. 다시 말하면 인간은 마음의 평정을 원합니다.

그러나 살다 보면 마음의 평정을 깨뜨리는 내적 외적 사건들이 자주 발생하죠. 특히 사회적, 도덕적으로 용납되지 못하는 마음의 갈등이 있을 때 이는 하나의 위험으로 인식되고 불안을 느끼게 됩니다. 우리 뇌는 이러한 불안을 처리하여 마음의 평정을 회복시키려는 노력을 동원합니다. 이를 정신분석에서는 '대응전략' 또는 '방어기제'라고 합니다.

방어기제는 여러 종류가 있고, 정신병리적 상태뿐만 아니라 정상인에게서도 사용됩니다.

자신이 바라는 일이나 이루지 못한 일 또는 부정적인 결과를 초래한 일에 대해 논리적으로 그럴듯한 설명이나 이유를 대어 긍정적으로 포장하려고 하는 행동으로 감정적 상처를 회피하고 자존심을 보호하려는 '방어 기제'를 정신분석에서는 '합리화(rationalzation)'라고 합니다.

정신분석에서 사용하는 방어기제인 '합리화'는 이론이나 이치에 합당하게 한다는 뜻과 낭비적 요소나 비능률적 요소를 없애 더 능률적으로 체제를 개선한다는 뜻의 사전적 의미가 아닙니다. '사건의 사실과 당사자의 행위는 인정해도 부정적 결과에 대해 스스로의 잘못을 인정하거나 책임지지 않는 것'을 말합니다. 본인의 잘못된 행동이나 실패에 대해 잘못된 정당화를 하는 거죠. 즉 핑계를 대는 거죠.

사람은 대개 바람직하지 못한 행동을 한 다음에 그것에 대한 그럴듯한 이유를 생각해냅니다.

예를 들면, 축구 선수가 경기에서 지자 운동장 조건이 나빴다고 핑계를 대거나 자위하는 경우지요. 운동장 조건은 다른 팀에게도 똑같이 안 좋았겠지만, 이러한 핑계를 댐으로써 '자신들의 실력이 나쁘지 않다'라는 자존심을 보호할 수 있습니다.

공부를 굉장히 열심히 한 학생이 시험 결과가 안 좋게 나오자 운이 없었다고 말하는 건 자신이 머리가 나쁘지 않다는 자존심 보호이고 체면 유지를 위한 것입니다.

이솝우화 '신 포도'에서 여우가 "저 포도는 아직 덜 익어서 맛이 없는 신 포도야. 안 먹길 잘했어."라며 합리화를 하듯 우리는 자신이 간절히 바라던 어떤 목표를 장애물이나 자신의 능력 부족 때문에 도달할 수 없을 때 그 목표를 깎아 내리려 합리화를 시도합니다.

자신의 능력이 부족함을 인정하고 싶지 않고, 자존심을 잃고 싶지 않으므로 핑계를 대는 것입니다. 이 때 누군가가 매우 직설적으로, 현실을 자각할 수 있게 이야기해준다면, 자기의 심리적 보호막을 파괴하는 것이기 때문에 그는 화를 낼 것입니다.

이 같은 합리화는 자기보호와 안정을 가지게 할 수도 있지만 자기기만을 초래하고 더 나아가서는 허구적으로 발전되어 망상을 형성할 수도 있습니다.

일례로 "한국은행의 돈은 다 내 것"이라고 믿는 과대망상증 환자가 있었습니다. 그는 회진 간 의사에게 백만 원짜리 수표라며 신문지를 찢어 줍니다. 가난해 보이거나 돈이 필요한 사람을 만나면 누구에게나 '수표'를 발행합니다. 그러나 그는 담배가 떨어져 꽁초를 주워 피웁니다. 꽁초를 피우는 그를 다른 환자가 놀리면 그는 진지하게 "도장을 잃어버려서 은행에서 돈을 못 찾는다."고 말합니다.

부자라는 과대망상과 가난뱅이라는 현실, 이 두 사실은 정반대의 것이지만 공존합니다. 이 두 현실 사이에서 모순을 느끼지 못합니다. 이것을 가능하게 하는 것이 합리화(이 환자의 경우 '도장을 잃어버려서'라는 핑계)의 방어기제입니다.

술 때문에 정신적 신체적으로 피폐해진 알코올 중독자에게 의사가 "술은 사람을 서서히 죽이는 독약"이라며 술을 끊을 것을 권유했더니, 알코올 중독자가 "나는 빨리 죽고 싶지 않아서 사람을 서서히 죽이는 술을 마셔야 된다."고 핑계를 댄다는 이야기가 있습니다.

비단 이런 환자의 경우가 아니더라도 핑계를 대는 경우는 일상생활에서도 쉽게 찾아볼 수 있습니다.
교통법규를 위반하거나 음주운전으로 경찰에게 적발되었을 때 이를 인정하기보다는 "신호를 못 봤다", "너무나 바빠서" 혹은 "술을 마시지 않았다", "술을 한 잔만 마셨다" 등 여러 가지 이유를 대는 경우, 자신의 불륜이 들켰을 때 이를 시인하고 반성하기보다 로맨스라고 우기는 경우도 마찬가지라 할 수 있습니다.

누구나 실수를 할 수 있고 실패도 할 수 있습니다. 그러나 이때 자기반성을 하는 것은 정신건강이고 핑계를 대는 것은 정신 불건강입니다. 진정 자신의 잘못을 인정하고 반성한다면 누구도 그런 사람을 비난하지 않을 것입니다.

Q 평소 바라는 일이나 이루지 못한 일 또는 부정적인 결과를 초래한 일에 대해 자신 말고 다른 데서 원인을 찾거나 핑계를 대는 편인가요?

 U턴 처방전

누구든 부족한 면이 있고 실수를 할 수도 잘못을 할 수도 있습니다. 특히 잘못을 인정한다는 것은 굉장히 어려운 일입니다. 그러나 "한 번 실수는 병가지상사"라는 말도 있듯, 그것을 변명하거나 덮어버리고 넘어간다면 더 큰 잘못을 저지르게 됩니다. 자신이 무엇을 잘못했는지 솔직히 고백하고 자기반성과 책임을 지는 것이야말로 진정한 용기이고 자존감이고 정신건강입니다.

3장

정신인문치유가
마음 EXIT입니다

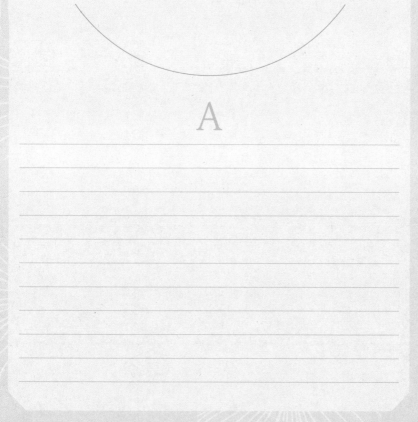

Q

다른 사람이 포토샵으로 보정한 사진을 당신에게
보여주며 '실물과 사진 중 어느 쪽이 더 좋은가?'라고
물을 때, 당신은 어느 쪽이 더 좋다고 말해주나요?

A

Q

당신은 포토샵으로 보정한 사진을 보여주며
'자신의 실물과 사진 중 어느 쪽이 더 좋은가?'라고
상대에게 물을 때, 상대가 어느 쪽이 더 좋다고
말해주기를 바라나요?

A

인생의 기본값

"왜 사니?", "왜 살아?"

드라마나 영화에서 종종 들을 수 있는 말입니다. 그러나 현실에선 다른 사람에게 "왜 사세요?"와 같은 질문은 자제하는 게 좋습니다. 단순히 궁금해서 물었다 하더라도 부정적으로 들리기 쉬우니까요.

그런데 이 질문을 스스로에게 해본다면 어떨까요?

"나는 왜 사는가?"

금방 명쾌한 답이 나오진 않을 겁니다. 아마도 "태어났으니까 산다."거나 "마지못해 산다."고 답할 분도 있을 거예요.

질문을 바꾸는 게 나을지도 모르겠습니다.

"어떻게 살아야 하나?"

"어떻게 사는 것이 잘 사는 것인가?"

어릴 적 읽었던 동화들의 마지막 단골 문장은 "그들은 영원히 행복하게 잘 살았답니다."입니다.

철학자 아리스토텔레스는 '니코마코스 윤리학'에서 인생에서 가장 중요한 것은 행복이라고 말한 바 있죠. '행복하게 살기'는 예나 지금이나 인류 최대의 화두입니다. 다른 것은 원하는 사람도 있고 원하지 않는 사람도 있을 수 있겠지만, 행복은 누구나 원한다는 데 이견이 없을 것 같습니다.

이처럼 우리는 행복하게 살고 싶은데, 현실은 그리 만만하지 않죠. 힘듦의 연속입니다. 간신히 버텨내 이제 좀 편안해졌나 싶으면 또 다시 난관이 기다리고 있죠. 부자든 가난하든, 나이가 많든 적든, 권력자든 아니든 모두 다 자신만의 어려움이 있습니다.

나훈아의 노래 <테스 형!> 에는 무려 2천 500여 년을 거슬러 소크라테스가 소환됩니다.

"아! 테스 형 세상이 왜 이래, 왜 이렇게 힘들어."

이 노랫말처럼, 우리 인생은 왜 이렇게 힘들까요?

그것은, 인생의 디폴트 값(default value) 즉, 기본값이 고통이기 때문입니다. 고통에서 예외인 인생은 없습니다. 인간이 삶을 살아가는 동안 고통은 숙명입니다.

그렇다면 우리가 생각하는 행복은 무엇일까요. 고통 없는 삶일까요? 아닙니다. 행복을 인생의 기본값으로 생각하는 데에서 불행이 옵니다.

항상 행복하지 않다면 불행한 것일까요? 아닙니다. 앞서 언급했듯, 인생의 기본값은 고통이기 때문입니다. 잠깐이라도 고통이 완화되면, 혹은 잠깐이라도 행복감을 느낀다면 행복한 것입니다. 이렇게 보면 하루 중 몇 번이라도 소소하게 행복을 찾을 수 있을 겁니다.

행복은 우리 삶의 목적일 수도 있지만, 생존을 위해서도 꼭 필요합니다. 그래서 행복감을 느끼는 크기보다 빈도가 더 중요하고요. 그러니 행복을 너무 먼 데서 찾지 말고 우리 일상에서 매 순간 찾아야 합니다.

어쩌면 우리는 아주 크게 좋은 일이 있어야만 행복하다는 착각을 하고 사는 것은 아닐까요?

불교에서 인생은 '고(苦)'입니다. 이 '고'가 현대 정신건강의학으로 말씀드리면 부정적인 스트레스를 뜻하는 '디스트레스(distress)' 즉 일반적으로 말하는 스트레스(stress)입니다. 모든 게 다 고통, 즉 '일체개고(一切皆苦)'입니다.

"삶이 있는 곳에 고통은 있습니다."
우리가 살아있는 한, 고통은 항상 존재하며 피할 수 없습니다.

고통을 다룬 유명한 말들을 한번 볼까요.
"고통을 느낀다는 것은 곧 살아 있다는 증거다."
"고통이 없다면 얻는 것도 없다."
"살면서 고통을 못 느끼는 것이 가장 슬픈 일이다."
모두 '고통 없는 세상'이야말로 불행한 인생임을 역설하고 있습니다.

물고기는 물이 없는 상태에서 헤엄칠 수 없습니다. 물고기가 헤엄치기 위해서는 물이라는 저항이 필요하죠. 새는 공기가 없는 상태에서 날 수 없습니다. 새가 날기 위해서는 공기라는 저항이 필요합니다. 인간도 고통 없는 인생을 살 수 없습니다. 인간이 살아가기 위해서는 고통이라는 저항이 필요합니다.

우리는 거대한 고통의 바다에서 태어났고, 좋든 싫든 이 바다를 건널 수밖에 없습니다. 고통의 바다에 빠져 허우적거리는 삶과 자유자재로 유유히 헤엄치며 사는 삶은 분명히 다릅니다.
우리가 불행한 것은 마땅히 겪어야 할 고통을 피하기 때문입니다. 인생의 기본값이 고통이라는 걸 받아들이고 친절하게 고통을 마주하면 됩니다.

어떤 사람에게 누군가가 강제적으로 "영하 20도의 날씨에 밖에서 두 시간을 서 있으라."고 한다면, 이는 고통이고 힘든 상황일 것입니다. 그러나 "영하 20도의 날씨에 밖에서 두 시간을 서 있으면 정말 보고 싶었던 사람을 만나게 해주겠다."고 제안하여 그 일을 본인이 선택했다면, 영하 20도의 날씨는 그리 큰 고통이 아닐 것입니다. 오히려 희망이고 행복일 수 있지요.

수동적으로 받은 고통은 고통 그 자체이지만, 스스로가 능동적으로 선택한 고통은 고통이 아닙니다.
고통을 어떻게 인지하느냐, 어떻게 해석하느냐, 어떤 의미를 부여하느냐가 중요합니다. 어떻게 받아들이느냐에 따라, 고통이 행복이 될 수도 있고 불행이 될 수도 있습니다.

고통 그 자체는 행복도 불행도 아닙니다. 고통을 어떻게 마주하는가에 따라 행복과 불행이 결정되는 거지요. 고통을 다루면 행복이고, 고통에 짓눌리면 불행입니다. 고통은 자기실현의 화두이자, 더 큰 자기를 담을 수 있는 기회입니다. 고통을 마주하고 그 고통을 다루는 과정에서 우리는 성장하고, 그 과정에서 행복이 옵니다. 우리를 불행하게 하는 것은 고통이 아니라 고통에 대한 우리의 태도입니다.

여러분 지금 고통스러운가요?

인생의 기본값이 고통이기에 그것은 너무나 당연합니다. 나를 죽이지 못하는 고통은 나를 더 강하게 만들고, 고통 속에서 때로 현재 이 순간 존재(being)의 행복을 느낄 수 있다면 행복한 것입니다. 미래를 위해 무엇이 되기(becoming) 위해 달릴 때, 여유 있는 마음으로 달리기에 몸을 맡길 때 찾아오는 '러너스 하이(runners high)'처럼 인생의 기본값인 고통을 잊거나 즐길 수 있다면 그 또한 행복입니다.

Q 당신의 고통 즉 스트레스는 무엇인가요? 그 고통과 스트레스는 당신에게 어떤 의미일까요?

 U턴 처방전

지금 고통스러운가요? 그렇다면 당신에게 행복이 다가올 기회가 주어졌으니 이는 축복입니다. 고통을 어떻게 받아들이느냐에 따라 당신은 행복할 수도, 불행할 수도 있습니다. 당신의 고통은 그 어떤 것보다 의미 있고, 당신을 강하게 만든다는 사실을 잊지 마세요!

3장

2

행복과 성공을 결정하는
가장 중요한 요인

우리 삶에서 행복을 결정하는 가장 중요한 요인은 무엇일까요?

우리 삶에서 성공을 결정하는 가장 중요한 요인은 무엇일까요?

하버드 의과대학 정신과 조지 베일런트 교수 팀의 72년간에 걸친 연구에서 행복의 조건은 '좋은 인간관계'였습니다.

카네기 공과대학의 연구에 따르면, 성공의 조건은 15%가 개인의 전문지식과 기술이며 85%가 '좋은 인간관계'였다고 합니다.

행복과 성공은 혼자만의 고군분투로 이루어지는 것이 아니라, 사람들과의 '좋은 인간관계'에서 나온다는 걸 알 수 있지요. 좋은 사람을 만나는 것은 행복과 성공의 확률을 높이는 일입니다.

실제로 "삶에서 가장 중요한 것이 무엇인가?"라는 질문에 많은 사람들은 '좋은 인간관계'라고 대답합니다. 최근 KBS가 한국리서치, 한국정치학회와 사회학회와 함께 2023년을 맞아 진행한 신년 여론조사 결과에서도 "삶에서 가장 중요하게 생각하는 가치가 무엇인가?"라는 질문에서 '좋은 인간관계'라는 답이 54%로 1위를 차지했습니다. 이는 의미 있는 결과입니다. 심지어 인간관계는 우리의 삶 그 자체일 수도 있습니다.

그러나 20세기 이후 현대사회의 교육 시스템에선 좋은 인간관계를 맺고 유지하는 방법에 대해 가르치지 않고 있습니다. 그리고 이런 역량은 주입식, 암기식으로 절대 키울 수 없습니다.

각설하고, 사람들은 보통 인간관계에서 본인이 진실한 마음을 가지고 있으면 상대방도 그 마음을 언젠가는 알아줄 것이라고 믿습니다. 하지만 단언컨대 이심전심은 없습니다. "열 길 물속은 알아도 한 길 사람 속은 모른다."라는 속담처럼, 사람의 속마음을 알기란 매우 어렵습니다. 소통하지 않으면 누구도 타인의 마음을 알 수 없는 것은 당연지사입니다.

소통이란 '막힘없이 통함'을 뜻하죠. 소통하기 위해서는 서로의 생각과 뜻을 주고받는 과정 즉 의사소통이 필요합니다. 의사소통을 말 그대로 풀어보면

'뜻과 생각이 서로 통하는' 것입니다. 인간관계는 의사소통을 통해서 활성화되며 의사소통은 좋은 인간관계를 형성하고 유지하는 기본입니다. 즉 좋은 인간관계의 요체는 의사소통에 있습니다.

그런데 우리는 사회생활을 하면서, 심지어 가족관계에서조차 "도저히 말이 안 통해"라며 답답해할 때가 많죠. 의사소통이 잘 안 되어 서로에게 상처를 주고받고, 서로 오해하고 점점 멀어지고, 결국에는 벽을 만들고 관계가 단절되기도 합니다.

예를 들면, 많은 상사가 부하직원이 말을 제대로 못 알아듣는다고 답답해합니다. 잘 설명했다고 생각했는데 엉뚱한 보고서를 들고 그것도 마감 시간 임박해서 나타나는 부하직원 앞에서 상사들은 화가 나고 실망스럽습니다. 하지만 의사소통은 어느 한쪽의 일방적인 의사전달에 의하는 것이 아니라 상대방이 전달한 내용을 충분히 이해함으로써 공통의 이해가 이루어졌을 때 비로소 완성되는 것입니다.

통하면 아프지 않고 통하지 않으면 아프다는 통즉불통 불통즉통(**通卽不痛 不通卽痛**)이 의사소통에서도 그러합니다.
그러면, 공통의 이해가 이루어지는 의사소통의 성공률은 어느 정도일까요?

말하는 사람의 전달하고자 하는 생각을 100으로 보았을 때, 최선의 상황에서도 자기 생각의 60%밖에 표현할 수 없다고 합니다. 그런데 듣는 사람 입장에선 최선의 상황에서도 상대의 말을 50%밖에 이해할 수 없다고 합니다. 결국 듣는 사람은 말하는 사람이 전달하고자 하는 생각의 30%밖에 이해를 못 하는 셈입니다.

이렇게 의사소통이 어렵다는 사실을 안다면, 상대방이 쉽게 내 말을 이해하지 못했다고 해서 그리 화낼 일도 아닌 겁니다. 야구에서 3할대 타율이면 훌륭한 선수죠. 의사소통도 마찬가지라 보면 상대에 대해 좀 더 너그러워지고 마음의 여유가 생기겠지요.

이론적으로 듣는 사람이 나의 생각을 90% 이상 이해하려면, 적어도 일곱 번을 정성을 다해 의사소통해야 합니다. 그러니 한 번 말해서 이해되지 않는 것은 당연한 것입니다.

의사소통의 기본은 '말하기와 듣기'죠. 말하는 사람은 상대방이 들을 수 있도록 잘 말해야 하고, 듣는 사람은 상대방이 말하고 싶도록 잘 들어야 하는 것이 의사소통의 기본입니다.
그런데 이 기본이 참 어렵습니다. "참 뜻은 좀처럼 전해지지 않는다."는 사실을 인지하는 것에서부터 의사소통이 시작되어야 합니다. 그래야 의사소통이 좋은 인간관계의 요체가 되고 좋은 인간관계가 행복과 성공의 요체가 됩니다.

하나 더, 원활한 의사소통을 위해 서로 입장을 바꾸어 생각해보는 역지사지가 필요합니다. 자신만 옳다는 생각에 사로잡혀 목에 핏대를 세우기 전에 내가 상대방의 입장이라면 어떻게 받아들일지, 이것만 생각해봐도 의사소통 문제의 상당 부분이 해소될 것입니다.

Q 다른 사람과 대화를 할 때 말이 안 통한 적이 있나요? 상처를 주거나 받은 적이 있나요? 오해와 갈등으로 상대와 멀어진 적이 있나요?

 U턴 처방전

좋은 인간관계는 행복과 성공의 확률을 높이는 일입니다. 좋은 인간관계의 요체는 의사소통입니다. "참 뜻은 좀처럼 전해지지 않는다."는 사실을 인지하는 것에서부터 의사소통을 시작해야 합니다. 그리고 내가 한 말과 행동을 내가 상대방이 되어본다면 어떻게 느끼고 생각할 것인지 역지사지해봅시다. 그래야 의사소통이 좋은 인간관계의 요체가 되고 좋은 인간관계가 행복과 성공의 요체가 됩니다.

로젠탈 효과

"말이 씨가 된다."는 말이 있습니다. 보통은 말을 함부로 하지 말라는 부정적인 의미로 쓰이는데, 역으로 긍정적으로 쓰일 때도 있습니다. 살면서 한번쯤은 "넌 할 수 있어."라는 격려와 응원의 말이 나에게 힘이 되었던 적이 있었을 겁니다.

세계 최고 부자들의 성공 원리를 집대성한 《생각하라! 그러면 부자가 되리라》를 비롯해 수많은 성공학 책을 저술한 '성공학 연구자'인 나폴레온 힐은 산골마을에서 가난한 대장간집의 아들로 태어났습니다. 어린 나이에 어머니를 잃었지만, 그의 내면에 잠든 그의 능력을 일깨워주었던 새어머니가 있었습니다. 새어머니는 동네 골칫거리였던 힐의 재능과 장점을 단번에 알아차리고, 힐에게 이렇게 자주 말해주었습니다.

"너는 말썽꾸러기가 아니라 가장 활동적인 아이일 뿐이야. 네가 아직 뚜렷한 관심사와 목표가 없어서 주변에서 너를 알아보지 못했을 뿐이야. 너는 상상력이 풍부하고 창조적인 재능이 많은 아이란다. 너는 틀림없이 역사에 이름을 남길 위대한 작가가 될 거야. 나는 사람을 볼 줄 알거든."

이 말을 듣고 자란 힐은 "작가라는 목표가 생겼고, 새어머니의 말이 평생토록 자신을 움직이는 힘이 되어, 어떤 어려움에도 목표를 향해 나아가는 담대한 용기를 가지게 되었다."고 고백했지요. 새어머니의 말이 그에게 '자기실현의 씨앗'이 된 것입니다.

'로젠탈 효과'는 긍정적인 기대나 관심이 사람에게 좋은 영향을 주는 것을 말합니다. 미국의 사회심리학자 로젠탈 교수로부터 만들어진 용어로 샌프란시스코의 초등학교에서 실험한 내용을 바탕으로 만들어졌는데, 유명한 이 실험을 소개해보겠습니다.

먼저 전교생에게 지능검사를 시행한 후 결과와 관계없이 무작위로 20%를 뽑아 담임 선생님에게 "이 아이들은 지능이 높으므로 학업 성취도가 높고 틀림없이 성적이 올라갈 것이라고 확신한다."는 거짓 결과를 알려줍니다. 이 결과를 들은 담임 선생님은 해당 아이들을 대할 때 무의식적으로 긍정적인 기대를 표현했지요.

그러자 8개월 후 놀랍게도 무작위로 선택된 20%의 학생들이 지능지수와 상관없이 다른 학생들보다 성적이 눈에 띄게 향상되었다고 합니다.

로젠탈 교수는 또 다른 실험을 진행합니다. 선생님이 어떤 학생에 대해 평가하는 화면을 녹화한 비디오를 학생에게 보여주었습니다. 그런데 영상의 소리를 제거해 실제 말소리는 듣지 못하게 했지요. 그러나 불과 10초도 지나지 않아 학생들은 선생님이 긍정적으로 평가하는지 부정적으로 평가하는지를 거의 정확히 맞힐 수 있었습니다. 즉 상대방에 대한 기대는 꼭 말이 아니라 눈빛, 손짓 등 비언어적 요소로도 전해질 수 있다는 것이지요.

로젠탈 교수는 실험을 통해 타인의 언어적 또는 비언어적 긍정적 기대는 그 기대를 받는 사람의 부응 심리와 서로 맞물리면서 상승효과를 나타내어 '자기실현의 예언'이 될 수 있음을 증명한 것입니다.

'로젠탈 효과'와 반대로 선생님이 좋은 성적을 기대하지 않는 학생은 실제 좋은 성적을 내지 못하는 현상을 '골렘 효과'라고 합니다. 즉, 다른 사람에게 거는 기대 수준이 낮을 때 상대방도 노력을 하지 않고 이는 결국 성과 저하로 이어진다는 것입니다.

'로젠탈 효과'와 '골렘 효과'는 일상생활 속에서도 볼 수 있습니다. 재수하는 아이를 보는 어머니의 두 가지 태도를 예로 들어볼게요.

긍정적인 어머니는 앞으로 1년을 더 공부하면 더 많은 지식을 쌓을 수 있다고 생각하고 아이를 격려합니다.

"걱정하지 마. 최선을 다하면 돼. 다시 한번 열심히 해보자." 그러면 아이도 자신감이 늘고 심리적 안정감이 들면서 집중력이 향상됩니다.

부정적인 어머니는 1년을 또 뒷바라지해야 한다고 생각하니 스트레스를 받음과 동시에 화가 치밀어 오릅니다. 이런 어머니를 보는 아이는 마음에 부담을 느끼고 안절부절못해 집중력이 떨어지기 쉽습니다.

제 진료실 장면으로 잠깐 들어가보겠습니다. 중년 여성 환자분이 자신의 아이가 고등학교 3학년인데 본인이 백일기도를 갈지 말지를 제게 물어봅니다. 제가 백일기도를 가라고 말씀드렸습니다. 후에 아들이 좋은 결과를 얻었다고 하더군요. 이 환자분은 앞에서 말한, 아이의 마음에 부담을 주는 유형이었거든요. 백일기도를 가니 환자분도 마음이 편해지고, 어머니가 백일기도를 가니 집에서 함께할 시간이 줄어든 아들도 마음의 부담을 덜었을 거예요. 또 백일기도가 '로젠탈 효과'를 발휘했을 수 있지요. 물론 백일기도의 효험일지도 모를 일입니다.

각설하고, 칭찬도 들어보고 긍정적 기대를 받으며 자란 아이들은 자아 존중감이 높은 사람이 됩니다. 어떤 어려움에도 목표를 이루려는 담대한 용기와 실천으로 끝내 '자기실현'을 이루어내지요.

특히 어렸을 때 아이에게 절대적인 인간관계인 부모나 선생님이 아이를 바라보는 관점은 매우 중요합니다. 특히 부모가 자녀에게 말을 할 때, 자녀에게 보내는 언어의 내용과 제스처, 목소리 모두 매우 중요합니다. 부모가 자녀에게 보내는 언어적 비언어적 기대가 아이가 미래에 이룰 '자기실현의 예언'이기 때문입니다.

Q 자신의 소망을 상상해보세요. 그리그 그 소망이 이루어지도록 간절히 기도하세요.

 U턴 처방전

'로젠탈 효과'는 과학입니다. 지금 당장 자기 자신이나 주위의 사람들에게 신뢰와 긍정의 말 한마디를 건네보세요. 믿는 대로, 말하는 대로 이루어질 것입니다.

성숙한 감정 처리

"종로에서 뺨 맞고 한강에서 눈 흘긴다."라는 속담이 있습니다. 억울한 일을 당한 사람이 그 자리에서는 아무 말 못 하고 있다가 엉뚱한 곳에 가서 화풀이를 한다는 뜻이지요. 넓게 해석하면 자신의 감정을 그 감정을 일으킨 대상이 아닌 엉뚱한 곳에 옮긴다는 뜻입니다.

이런 경우는 우리 실생활에 많이 있습니다. 밖에서 일어난 일로 화가 났는데 아무 말 못 하고 있다가, 집에 와서 가족에게 화를 내는 거죠. 또는 직장 상사가 사장에게서 꾸중을 들었는데 그 앞에서는 아무 말 못 하고 있다가 괜히 당신에게 화를 내서 황당했던 경우도 있었겠죠.

이 속담을 정신분석학적으로 풀이한다면 한마디로 '감정을 옮기는 것'입니다. 원래 어떤 대상에게 느꼈던 감정을 그 감정을 주어도 덜 위험한 다른 대상에게 옮기는 심리적 과정이지요. 이렇게 감정을 옮기는 심리과정을 정신분석학에서는 '전치(displacement: 바꾸어 놓기, 이동)'라고 합니다.

역사상 가장 유명한 정신과 의사 중 한 명이자, 지금 우리가 사용하는 '정신분석'이라는 용어를 만들어낸 프로이트가 전치의 개념을 설명하며 언급했던 어린 한스의 사례는 매우 유명합니다.

프로이트가 말을 유난히 무서워하는, 말에 대해 공포증을 가진 어린 아이 한스에게 정신분석 치료를 하다가 왜 말을 무서워하는지 원인을 알아내게 된 거죠. 한스는 원래 아버지를 무서워했는데 그 무의식적 공포의 감정이 아버지보다는 덜 위협적인 말로 옮겨갔다는 것입니다. 이것이 바로 전치 현상입니다.

공자님이 젊은 나이에 죽은 제자 안연을 칭찬하는 말에 '안연은 노여움을 옮기지 않는다.'라는 구절이 있습니다. 공자님이 안연을 제자 중 가장 어진 사람으로 본 이유가, 바로 화가 나도 감정을 남에게 옮기지 않고 안빈낙도(安貧樂道: 가난함 속에서도 안락한 마음을 가짐)했기 때문이라고 합니다.

정신이 건강하지 못할수록 감정이 일어나도 그 순간에는 자각하지 못하고 (종로에서 뺨 맞고) 다른 데에 감정의 폭발(한강에서 눈 흘기는)을 일으키기 쉽습니다. 정신이 건강할수록 감정을 폭발시키지 않고 적절하게 표현하거나 아니면 잘 참을 수 있습니다.

여기서 참는다는 건, 그 감정을 표출할 때와 장소와 상대가 아니기 때문에 감정의 표현을 보류하는 것이고, 자신에게 지금 그 감정이 일어나고 있다는 것을 알고 있으나 그 감정을 뒤끝 없이 스스로 통제할 수 있다는 것을 의미합니다.

감정을 다른 대상으로 옮기지 않으면 우리도 정신적인 면에서 안연과 같은 '경지'에 이를 수 있습니다. 마음의 평안은 모든 감정을 있는 그대로 받아들이고, 이 사람에게서 생긴 감정을 저 사람에게 옮기지 않을 때 얻어집니다.

Q 아무런 관계도 없는 사람에게 부정적인 감정을 옮긴 적이 있나요?

 U턴 처방전

당장 자기 마음 편하자고 그 일과 상관도 없는 사람에게 감정을 옮기면 오히려 정서적으로 불안정하게 됩니다. 종로에서의 일은 종로에서 끝내고, 한강은 한강대로 보아야 한강이 아름답게 보이고 마음의 평화를 유지할 수 있습니다.

화를 잘 처리하는 방법

달라이 라마와 더불어 이 시대 불교계 스승으로 쌍벽을 이루는, 지금은 열반하신 틱낫한 스님은 시기, 절망, 미움, 두려움 등은 모두 우리 마음을 고통스럽게 하는 독이며 이 독들을 하나로 묶어 '화(anger)'라 했습니다.

스님은 화를 잘 다스리는 것이야말로 마음의 평화를 얻는 길이며, 화가 나면 먼저 화를 내는 자신의 내면 상태를 들여다보라고 말했지요.

화는 비록 그것이 정당한 이유를 갖고 있더라도 화를 냄으로써 생기는 피해는 고스란히 자신에게 돌아옵니다. 그러나 틱낫한 스님은 화를 억지로 참으라고는 하지 않습니다. 함부로 떼어낼 수 없는 신체 장기처럼 화도 우리의 일부이므로 억지로 참거나 제거하려 애쓸 필요가 없다는 거지요.

화를 낸다는 것은 웃고 우는 것처럼 인간이 가진 자연스러운 감정의 표현입니다. 그런데 한참 동안 화를 내다 보면 정작 자신이 왜 화를 내게 되었는지 그 이유를 곧잘 잊어버리기도 하지요. 우리는 오직 화를 배출하는 데 급급합니다.

그래서 틱낫한 스님은 화를 내는 것이 화를 푸는 근본 해결책은 아니라고 말합니다. 참지 않되, 화가 난 진짜 이유를 자각하고 스스로는 화를 다스릴 줄 알아야 하는 것이죠. 울고 있는 아이처럼 화를 보듬고 달래야 하며 감자가 익기를 기다리는 것처럼 화를 당장 분출하기보다 가라앉히는 시간을 가져야 한다고 했습니다.

화를 내는 것이 습관화되어 있는 사람들이 있습니다. 일상의 모든 일들에 짜증을 내고 화를 냅니다. 엘리베이터가 빨리 내려가지 않으면 늦다고 화를 내고, 빨리 내려가면 어지럽다고 투덜거립니다. 슈퍼마켓에서 계산하는 행렬이 길면 왜 계산대를 더 열지 않냐고 화를 내고, 앞 차의 운전자가 조금만 꾸물거리면 운전을 못한다고 화를 내고, 자동판매기가 고장 나면 관리를 제대로 안 한다고 화를 냅니다. 곳곳에 화를 낼 거리가 있는 셈이죠.

그런데 이처럼 사소한 일에 화를 내는 것은 사소한 것에 목숨을 거는 것과 같습니다. 미국 듀크대학교 의과대학의 레드포드 윌리엄스 교수는 "화나는 일을 당할 때마다 소리를 지르면서 싸우는 건 마치 자신의 목숨을 서서히 잃기 위해 비소와 같은 독약을 매일 조금씩 먹는 것과 같다."고 했습니다.

화를 독약에 비유하다니, 너무 과장하는 것 아닌가 생각하시나요? 화를 내는 것이 진짜로 독약을 먹는 것과 같이 안 좋은지, 이와 관련된 실험이 있습니다. 사람이 화를 낼 때 나오는 숨을 냉각시킨 뒤에 그 침전물을 쥐에게 주사했더니 쥐가 단 몇 분 만에 죽었다고 합니다. 즉 우리가 화를 낼 때 진짜로 독소를 만들어 낸다는 것을 알 수 있습니다.

살다 보면 화를 전혀 내지 않고 살 수는 없습니다. 문제는 자신에게 다가오는 분노를 어떻게 처리하느냐 하는 것입니다. 화를 내는 것은 중독성이 있어서 화를 한 번 두 번 내다가 보면 더 자주 폭발하게 됩니다.

더 중요한 건 화를 낸다고 해서 문제가 해결되는 것도 아니라는 점입니다. 오히려 문제는 해결되지 않고 자신의 건강만 나빠지게 되지요. 화를 자주 강하게 낼수록 하늘나라 구경을 서두르는 것이나 마찬가집니다. 따라서 감정이 격해지는 순간은 짧게, 그리고 스스로 감정을 조절하고 마음의 평온을 유지하는 것이 중요합니다.

한두 번 화를 내고 성질을 부렸다고 해서 당장 목숨이 위태로워지는 것은 아니지만, 그런 생활이 반복되고 몇 년씩 지속되면 우리 몸의 호르몬이 갈피를 못 잡고 제멋대로 작동하게 됩니다.

예를 들면 스트레스 호르몬인 '에피네프린'이 대량 방출되어 교감신경만을 자극시키거나 또 만성적인 코티솔의 과다 분비로 면역기능도 떨어뜨려서 심장, 신장, 위장 등 여러 내장기관에 탈이 날 수 있지요.

탈이 나는 부위는 각자의 체질적 취약성에 따라 다르겠지만, 여러 장기에 무리하게 부하가 걸리면 마침내 심장병, 고혈압, 당뇨병, 위장병, 류머티즘 등 현대 성인병 즉 생활습관병을 일으키게 됩니다. 다시 말하면 생활습관병의 가장 큰 원인 중 하나는 스트레스이고, 스트레스를 '화'로 반응하면 병이 올 수 있습니다.

생리학적, 의학적 측면뿐만 아니라 행동학적으로도 화를 잘 내는 사람들이 그렇지 않은 사람들보다도 더 공격적인 행동을 하고 건강을 해치는 습관이 더 심하다고 하지요. 화를 잘 내다 보니 자연히 남들과 쉽게 싸우고, 열받아서 술과 담배가 늘고, 안주로 칼로리가 높은 음식을 더 많이 섭취합니다. 그러니 건강에 이상이 생기지 않는다면 그게 이상한 일입니다.

반대로 화를 내지 않고 무조건 참기만 하는 것은 어떨까요?
화를 내는 것이 당연한 상황인데도 화를 억지로 참거나 억압하면 이것 또한 좋지 않습니다. 화를 해소하지 못하고 차곡차곡 쌓아두면 그건 '소장품'이되긴 커녕 화병이 됩니다. 그러다 어느 날 화산처럼 갑자기 폭발할 수도 있지요. 아무리 큰 댐이라도 비를 계속 가두기만 하면 언젠가는 댐이 터지는 이치와 같습니다. 몸의 어딘가가 아픈 화병의 증상으로 터질 수도 있고, 화를 내지 않아야 할 상황인데도 갑자기 화를 내는 식으로 표출될 수도 있습니다.

그렇다면 어떻게 해야 지혜롭게 화를 잘 처리할 수 있을까요?

우선 마음의 여유를 갖고 긍정적으로 생각하기를 습관화해야 합니다. 화가 난다면 당장 표출하지 말고 심호흡을 한 뒤 이렇게 해보세요.

첫 번째, 지금 상황이 화를 낼만큼 가치가 있는가? 혹시 내가 사소한 일에 목숨 거는 것은 아닌지 생각해봅니다.
두 번째, 화를 낼 만한 정당한 이유가 있는지, 괜히 스스로의 분에 못 이겨 화를 내는 것은 아닌지를 생각해봅니다.
세 번째, 내가 이 상황에 효과적으로 적절히 대응했는지 돌아봅니다.

예를 들면, 버스 정류장에서 줄을 서지 않고 끼어들려는 사람 때문에 화가 나서 짜증을 냈다고 해봅시다. 그 상황에서 짜증을 낸 나의 태도가 적절했나 돌아보는 거지요. 조금만 더 생각해본다면, 짜증을 내지 않고 줄의 끝이 어디인지를 가르쳐주는 게 더 현명한 대처였다는 걸 깨달을 수 있습니다.

이런 방법으로 화를 평가하고 화를 처리하면 됩니다. 물론 꾸준한 연습과 노력이 필요하지만, 정신건강과 신체건강을 유지하기 위해서는 '건강하게' 화를 다루는 법을 배워야 합니다.

Q 최근 화가 난 일이 있었나요? 있었다면 이렇게 생각해봅시다. 1단계 "지금 상황이 화를 낼 만큼 가치가 있는지?", 2단계 "화를 낼 만한 정당한 이유가 있는지?", 3단계 "내가 효과적으로 적절히 대응했는지?"

 U턴 처방전

화난다고 돌을 차면 제 발부리만 아픕니다. 화를 적절하게 잘 처리해야 정신도 신체도 건강하게 유지할 수 있습니다. 사소한 일에 화를 내는 것은 사소한 일로 내 목숨을 거는 것과 같다는 점을 명심하세요.

미루지 않기 위한 솔루션
'5분 규칙'

명확한 목표가 있는 사람이 목표가 없거나 구체적이지 않았던 사람보다 훨씬 더 좋은 성과를 낸다는 것은 앞서 '뇌의 새로운 회로를 만드는 66일' 편에서 살펴본 바 있습니다. 문제는 어떻게 결심의 성공 확률을 높이느냐 하는 것이지요.

먼저 결심은 현실적이고 작은 목표로부터 시작하는 것이 좋습니다. 성경 욥기 8장 7절에 '네 시작은 미약하나 네 나중은 심히 창대하리라'라는 말이 나옵니다.

영화 <쇼생크 탈출>에서 주인공은 억울한 옥살이를 하면서 탈출 계획을 세웁니다. 교도소라는 냉혹한 현실을 직시하며 매일 숟가락으로 벽을 파내지요. 그래서 언제 탈출할까 싶지만, 주인공은 희망을 잃지 않았고 결국 탈출에 성공합니다. 인생은 작은 변화에서부터 시작됩니다.

그리고 미루지 말고 당장 시작해야 합니다. 결심을 이루기 위해 가장 중요한 것은 일단 시작해야 한다는 것입니다. '시작이 반이다.'라는 속담은 뭔가를 시작하는 것이 그만큼 쉽지 않다는 걸 반증합니다.

캐나다 캘거리대학교 피어스 스틸 교수가 2만 4천 명을 대상으로 연구한 결과에 따르면, 자신이 가끔씩이라도 '미루기 문제'가 있다고 응답한 사람이 95%였다고 합니다.

우리는 이렇듯 시작(실천)은 하지 않고 생각만 하면서 일을 뒤로 미루는 경우가 많습니다. 차일피일, 이날저날 자꾸 날짜를 미루지요. 이런 분들은 "내일은 진짜 해야지."라며 항상 내일만 부르짖습니다. 이렇게 '내일병', '내일증후군'에 걸린 사람들은 아무 것도 이루지 못합니다. '내일증후군'에 걸린 사람들의 특성을 몇 가지 살펴보겠습니다. 독자께서는 여기에 얼마나 해당되는지를 한번 세어보시기 바랍니다.

첫째, 내일증후군의 특징 중 하나는 미리 준비하지 않는다는 것입니다. 평소에 충분히 준비할 시간이 있는데도 불구하고 준비하지 않습니다.

예를 들면, 시험이 있어도 아니라고 부정하고 항상 막판에 가서 헐레벌떡 공부를 합니다. 공부를 미루고 있는 동안 마음이 편안할까요? 그렇지 않습니다. 불안감에 떨고 있습니다. 공부를 해야 한다는 중압감, 공부를 미루고 있다는 죄책감. 그래서 마음 편히 놀 수도 없습니다. 공부(일)해야 할 때 놀고 싶고, 놀 때 공부(일)를 걱정하는 사람을 흔히 볼 수 있습니다. 이런 사람은 공부(일)를 잘하지도 잘 놀지도 못합니다. 공부(일)해야 할 때 공부(일)를 하고 놀아야 할 때 놀 수 있는 사람이 정신이 건강한 사람입니다. 이런 점에서는 제 학창시절이 그러했습니다. 공부할 때 공부하고, 놀 때 놀고. 문제는 노는 시간에 비해 공부하는 시간이 절대적으로 적었다는 것입니다.

둘째, 시간을 낭비하는 행동이 많다는 것입니다. 꼭 공부하기 전에 책상 정리하는 사람이 대표적입니다.

평소에는 신경도 안 쓰고 어지럽혀놓고 지내다가, 공부해야 할 때가 되면 필기도구 정리, 자료 정리 등을 꼼꼼하게 하려 합니다. 책상정리가 끝나면 이번에는 방 청소, 마루 청소 등 쓸고 닦고 하는 데 시간을 다 낭비하여 정작 공부하거나 일할 시간이 없습니다. 그리고 갑작스런 대청소로 육체적으로 상당히 피곤해집니다. 결국 공부나 일은 시작도 해보지 못하고 정리와 청소만 하다가 바로 잡니다.

셋째, 목표가 너무 높고 비현실적인 계획만 잔뜩 세웁니다. 주로 자기 능력 이상의 계획을 잡습니다.

방학생활계획표 만들 때 보면 공부 시간을 하루에 여덟 시간씩 잡는 학생이 꼭 있지요. 이 말에 뜨끔해지는 분도 있으리라 생각합니다. 공부뿐만 아니라 직장에서 계획을 세울 때에도 실현 불가능하거나 지나치게 많은 계획을 세우는 경우가 있는데, 이래서는 시작도 하기 버겁습니다.

넷째, 행동하지 않고 말만 합니다. 말로 모든 것을 다 하는 경향이 있습니다. 전혀 실천에 옮기지는 않습니다.

이런 사람은 너무 생각만 하지 않기, 말하지 말고 바로 행동으로 옮기는 훈련을 해야 합니다. 물론 말보다 행동이 빠른 사람이라고 무조건 훌륭한 것은 아닙니다. 폭력을 즐겨 쓰는 사람들은 항상 말보다 행동이 빠르죠. 말보다 행동이 빨라도 그것이 폭력이어서는 안 됩니다.

다섯째, 실패를 두려워하기 때문에 시작조차 못하는 것입니다. 설사 실패한다 하더라도 경험은 남습니다. 그 경험을 토대로 한다면 다음번에는 성공할 확률이 높아집니다. 실패는 '작은 성공'입니다. 세상일은 각고의 노력과 실패를 성공의 어머니로 삼을 때 이룰 수 있습니다.

그러면 미루지 않고 일을 당장 시작하게 하는 방법이 있을까요? 저는 그 방법으로 여러분께 '5분 규칙(five-minute rule)'을 제안합니다.

무언가 하기 싫은 일이 있다면, 그 일을 당장 시작하고 적어도 5분 동안만 유지해보세요. 이렇게 하면 결국 그 일 전체를 하게 될 확률이 높아집니다.

간단해 보이는 '5분 규칙'이 의외로 효과적이라는 근거를 러시아의 심리학자 자이가르닉이 제시한 '자이가르닉 효과(Zeigarnik effect)'로 설명해드리겠습니다.

자이가르닉은 식당 종업원이 많은 주문을 동시에 받아도 그 내용을 모두 기억했지만, 계산이 완료된 후에는 주문 내용을 거의 기억하지 못하는 것이 특이해 보여 연구를 시작하다가 '미완성 효과'라고 불리는 '자이가르닉 효과'를 발견했습니다.

이것은 완료한 일보다 완료하지 않은 일을 기억하는 심리적인 현상입니다. 일단 시작했지만, 끝내지 못하거나 완성되지 못한 일은 마음속에 계속 떠오르기 때문에 결국 그 일을 다 하게 되는 것이죠. 다시 말해 부담스럽지 않은 5분으로 일단 시작하기만 하면, 그 일은 미완의 효과인 '자이가르닉 효과'를 발휘해 결국에는 해낼 가능성이 높아지는 것입니다.

은행가이며 실업가로 유명한 로스차일드는 이 효과의 핵심을 찌르는 명언을 했죠.
"많은 일을 하고자 하면 지금 당장 한 가지 일을 시작하라."

로스차일드는 유대인이었기에 사회적으로 좋은 대우를 받지 못하며 자랐습니다. 그래서 늘 '세계를 지배하는 사람이 돼 남들이 자신을 얕잡아 보지 못하도록 하겠다.'고 다짐했지요.

무엇으로 세계를 지배할까 생각한 끝에 은행을 만들기로 결심을 했고요. 당장 유대인이 모여 사는 작은 거리에서 은행을 시작했고, 그의 목표대로 세계적인 은행으로 성장해 경제적으로나 정치적으로 강력한 힘을 갖게 됐습니다.

로스차일드의 예처럼, 바라는 것이 있다면 그 일의 시작을 미루지 말고 당장 작은 것부터 실천해보세요. 우리가 생각하는 모든 결심, 목표, 꿈을 이룰 수 있을 것입니다.

Q 당신이 소망하는 결심을 생각하세요. 지금 당장 할 일을 생각하세요. 그리고 당장 실천하기 바랍니다.

U턴 처방전

목표가 무엇이든 미루지 말고 당장 할 수 있는 일을 시작해 딱 5분만 유지해보세요. '자이가르닉 효과'에 의해 결심과 목표를 이룰 가능성이 훨씬 높아질 것입니다.

워라밸(work life balance)에서
워라블(work life blending)로

사람들은 종종 일을 하지 않는 삶을 꿈꿉니다. 직장생활과 사회생활에 치이지 않고 일과 돈에서 자유로운 삶을 바라지요. 그러나 희한하게도 일을 잃거나 떠난 사람도, 돈에서 자유로워진 사람도, 다시 일을 갈망합니다. 일터 안의 사람들은 일에서 탈출하고 싶어 하고, 일터 밖의 사람들은 일을 하고 싶어하지요.

일은 우리에게 어떤 의미일까요?

에이브러햄 매슬로우가 말한 '먹고, 자고, 입는 등 생리적 욕구가 해결되지 않았던 과거'에는 돈을 벌기 위한 생업이라는 구시대 개념이 필요했을 수 있습니다.

그러나 지금은 매슬로우가 말한 최고 수준의 욕구인 '자아실현 추구'를 위한 도구로 일의 의미가 바뀌어야 합니다. 일은 우리가 지식과 지혜를 습득하여 발전하게 하고 성장하게 해주는 자아실현의 원동력입니다.

정신분석학의 창시자 프로이트는 "사랑하고 일하고, 일하고 사랑하라. 그게 삶의 전부이다."라고 설파했습니다. 당대 프로이트와 쌍벽을 이루었던 분석심리학의 창시자 칼 융 역시 같은 말을 했지요. "즐겁게 일하고 열심히 놀아라."

일은 하고 싶으면 하고 하기 싫으면 안 해도 되는 것이 아닙니다. 왜냐하면 일은 우리 삶이기 때문입니다. 죽을 때까지 사랑하고 일해야 합니다. 사랑은 인간의 본능 중 성욕이 승화된 형태이고, 일은 또 다른 본능인 공격성이 승화된 것입니다. 사랑과 일을 통해 우리는 기본적 본능을 만족시키고 행복을 향해 나아갑니다. 또한 일을 잘하기 위해 놀 수 있지만, 잘 놀기 위해 일을 할 수도 있습니다.

캐나다 토론토대학교 마이클 인즐리트 교수는 직장에서 일을 하고 노력하여 힘든 일을 완수하는 것이 사람에게 만족과 자부심을 주며 '삶에서 얻어내는 행복의 근원'이라고 말했습니다. 시카고대학교 크리스토퍼 시 교수의 연구에 따르면 '일은 쉼을 더 행복하게 만들어주는 요소'입니다.

2018년 4월 아마존 CEO 제프 베이조스는 독일 베를린에서 열린 '악셀 슈프링거(Axel Springer)' 시상식에서 일과 삶의 균형을 찾으려고 하는 워라밸(work life balance의 줄임말)을 하지 말라고 합니다. 최근 수십 년간 노동 시장에서는 '워라밸'이 주요 화두였는데, 그걸 하지 말라니 무슨 말일까요?

사실 일과 삶의 균형을 맞추자는 이 말은 일과 삶을 분리하려는 오해를 낳을 수 있습니다. 이 말은 일과 삶을 상반된 관계로 만듭니다. '일'은 부정적인 의미이고 '삶'은 긍정적인 의미가 되는 거죠. 일은 단순히 생계를 위해 하는 것이며, 좋은 삶을 살기 위해서는 일에 집중해서는 안 된다는 인식을 심어 줄 수 있습니다.

그러나 일과 삶은 상반된 관계가 아닙니다. 또한, 지금은 일과 삶의 분리가 힘든 시대이기도 합니다. 일과 삶의 분리가 아닌 일과 삶이 서로 어우러지는, 일과 삶이 잘 혼합되는 '워라블(work life blending의 줄임말)'이어야 합니다. '워라블'에서는 일도 삶도 긍정적일 수 있습니다.

물은 수소와 산소의 결합체인 H2O입니다. 물에서 수소와 산소를 서로 분리해서 생각한다면 그것은 이미 물이 아닙니다. 일도 일 이외의 삶(예: 쉼과 놀이)도 모두 합쳐 우리의 삶입니다.

Q 당신에게 일은 어떤 의미인가요?

 U턴 처방전

인생은 일, 쉼, 놀이 등이 결합체로 되어 있는 거대한 바다입니다. 이 인생의 바다에서 이를 구분하며 허우적거리는 삶과 이를 통합하여 자유자재로 유유히 헤엄치며 사는 삶은 분명 다릅니다. 일이든 쉼이든 놀이든 도전입니다. 일이든 쉼이든 놀이든 자기실현의 삶을 추구하는 도구입니다. 일이든 쉼이든 놀이든 내가 참된 의미를 부여할 때 비로소 행복이 됩니다.

3장

8

매사에 감사하라

인생은 커다란 영화 스크린과 같습니다. 똑같은 화면이라도 보는 이의 눈높이나 보는 각도에 따라 다르지요. 관객은 크게 두 가지 부류로 나눌 수 있습니다. 한 부류는 주로 불평을 합니다.

"나는 왜 이리 못났을까?"

"우리 집안 분위기는 왜 이럴까?"

"내가 다니는 직장은 왜 지옥 같지?"

"내가 태어난 이 나라의 꼴은 도대체 뭔가."

또 다른 부류는 만족하고 감사해합니다.

'부르면 대답해 주시는 부모가 계신 것만으로도 감사하고, 일할 수 있는 직장이 있음에 감사하고, 자신이 태어난 조국이 있음에 감사해합니다.

여러분은 둘 중 어떤 모습인가요?

우리는 전에 없던 물질적 풍요와 문화를 누리고 편리함을 누리며 살아갑니다. 그런데 늘 뭔가 부족하다 느끼고 자주 불평을 하는 삶을 살고 있지는 않나요?

미국에서 한 주부가 주말마다 사냥, 낚시, 골프에 빠져서 자신과 가족들을 돌보지 않는 남편에게 불만을 품었다고 합니다. 참다못해 남편을 팔겠다는 광고를 내지요.
'남편을 염가로 양도함. 사냥도구와 개 한 마리, 골프채는 덤으로 드림.'

관심 있는 사람들로부터 여러 통의 전화가 왔습니다. 그런데 남편을 구입하겠다는 사람은 없었고, 대부분 남편 말고 낚시도구와 개 한 마리, 골프채만 줄 수 없느냐고 문의했다고 합니다.
그러나 어느 미망인은 "남편이 살아 있다는 것을 감사하게 생각하라."고 충고했고, 어느 주부는 "남편이 바람을 피우지 않는 것을 감사하게 생각하라."고 충고했다 합니다.
남편이 잘했다고 할 순 없지만, 남편을 잃었거나 남편의 바람기 때문에 고통받는 여성들에게는 이 주부의 불만쯤이야 '행복한 비명'에 불과했던 것이지요.

우리 마음에 감사하는 마음이 없다면 이 주부처럼 매사에 불평과 불만이 생기게 됩니다.

한 가지 분명한 것은, 고마움을 모르는 사람의 생활은 불행해지고, 감사하는 이들의 생활은 행복해진다는 것입니다.

"매사에 감사하라."

성경 데살로니가전서 5장 18절에 있는 구절입니다. 작은 일이든 큰일이든, 매사에 감사해야 합니다. 감사하다고 표현할 줄도 알아야 합니다. 미국인들은 "감사합니다(Thank You)."란 표현을 지나치다고 느낄 정도로 자주 합니다. 그런데 우리는 고마움을 느끼는데도 입으로 표현하는 데에는 너무 서툴고 인색합니다.

특히 가까운 사람에게는 감사하다는 말을 더 하지 않는 경향이 있습니다. 당연하다고 여기는 마음이 감사함을 방해하는 거지요. 그러나 부부이기에 가족이기에 감사하다는 말이 더욱 필요합니다. 이웃에게도 더불어 사는 이들에게도 그리고 이 세상 모두에게도 감사하다는 마음을 가져야 합니다.

연구 결과에 따르면, 감사한 마음은 우리를 건강하고 행복하게 해줍니다.

병에 대한 저항력을 높여주어 우리 몸의 면역이 높아지는 거지요. 또 스트레스 호르몬인 코티솔(cortisol)도 줄이고 불안과 우울을 줄여주며 행복감을 증가시킵니다. 매일 감사하며 사는 사람은 그렇지 않은 사람보다 평균 7년을 더 오래 산다고 합니다.

《탈무드》에서도 이렇게 말하죠.
"세상에서 가장 행복한 사람은 감사하는 사람이다."

누구나 불만도 느끼고 감사함도 느낍니다. 그러나 그중 어떤 감정에 집중하느냐에 따라 우리 삶의 모습은 확연히 달라집니다. 감사할 일이 없다고 생각할 수도 있습니다. 하지만 지금 우리가 살아있다면 그 자체로도 감사한 것입니다. 우리는 평소엔 잘 느끼지 못하다가 다른 사람의 불행을 보고서야, 상대적인 감사함을 느끼기도 합니다.

어린 나이에 사고로 목숨을 잃은 누군가의 소식을 들으면, 내 자녀가 건강하게 살아있는 것 자체로도 감사함을 느낍니다. 평소엔 '누굴 닮아 이렇게 말을 안 듣는지, 공부를 못하는지' 불만을 갖고 있다가 말이지요.

가까이 있는 것, 작은 것에 만족할 줄 아는 사람의 가슴은 감사하는 마음으로 가득 차게 됩니다.
나와 함께 살아가는 가족, 우리의 이웃, 물건을 배송해주는 택배기사, 동네

가게의 점원들, 직장의 동료, 아이들을 가르치는 선생님…… 우리와 함께 살아가는 모든 이들에게 감사하는 마음을 가집시다.

사람뿐만 아니라 자연에서도 감사함을 찾을 수 있습니다. 우리를 숨 쉬게 해주는 공기에 감사할 수 있습니다. 또 봄에는 꽃이 핌에 감사하고 여름이면 잎이 무성함에 감사하고, 가을이면 풍성하게 영그는 것에 감사하고, 겨울이면 추운 땅 밑에서 앙상한 가지를 위해 수액을 밀어 올리는 뿌리가 있음에 감사할 수 있습니다.

감사하는 마음은 우리를 아름답게 하고 세상을 아름답게 만듭니다.

 Q 오늘 감사한 일이 있었나요? 3가지만 떠올려보세요.

 U턴 처방전

우리 삶이 유지될 수 있게 하는 일상의 모든 일들을 당연한 것이라 여기면 감사할 것이 없을지도 모릅니다. 꼭 특별한 일이 있어야만 기쁘고 행복한 건 아닙니다. 만족의 기준을 조금 낮춰보세요. 기쁘고 감사할 일이 더 많아지고, 몸과 마음도 훨씬 건강해질 겁니다.

4장

부부의 화목이
마음의 안녕입니다

Q

당신의 배우자는
좋은 배우자입니까?

A

Q

당신은
좋은 배우자입니까?

A

뜨거운 사랑보다
따뜻한 사랑

여러분은 이성에게 첫눈(first sight)에 반한 적이 있나요?

첫눈에 반하는 남성이 많을까요, 여성이 많을까요?

이 질문에 남성의 50퍼센트 이상은 첫눈에 반한 경험이 있고, 여성은 10퍼센트 정도가 첫눈에 반한 경험이 있다고 답했습니다. 남성은 세 번 만나면 사랑에 빠져들기에 충분하고, 여성은 최소 여섯 번은 만나야 사랑을 확신할 수 있다고 합니다.

진화론적인 입장에서 남성은 본능적으로 가능한 많은 자손을 남기려고 합니다. 다시 말해서 양(量)을 추구하는 거지요. 남성은 그냥 첫눈에 반하고 사랑에 빠져 모든 것을 내던지기도 합니다. 동물 세계에서 수컷은 사랑을 얻기 위해 죽음의 곡예도 마다하지 않습니다.

반면 임신과 출산을 하는 여성은 좋은 유전자를 받기 위해, 건강한 자손을 얻기 위해 남성을 선택하는 데 시간을 더 투자해야 합니다. 나아가 "이 남성이 내 아이에게 좋은 아버지가 될 것인가? 나를 지켜줄 수 있는 남자인가?" 같은 질문을 스스로 하며 꼼꼼하게 따지고 이것저것 다 평가해야 합니다. 여성은 그렇게 진화해 왔습니다. 양이 아니라 질(質)을 중요시해 왔지요. 그래서 첫눈에 함부로 반하지 않는 것입니다.

첫눈에 반했는지 아닌지를 알 수 있는 방법에 대한 연구가 있습니다. 네덜란드의 라드바우트대학을 비롯해 3개 대학 소속 연구자들이 공동으로 학생들과 영화배우들을 대상으로 진행한 연구 결과입니다.

첫눈에 반하거나 사랑에 빠졌다고 할 때, 그 '첫눈'이 머무르는 시간은 얼마나 될까요?
연구자들은 8.2초라는 결론을 내렸습니다. 말하자면 남성이 여성을 보고 사랑의 포로가 되는 시간이 8.2초라는 겁니다. 여성에게 던진 눈길이 8.2초간 지속되었다면 그 남성은 여성에게 한마디로 '뿅' 간 거나 다름이 없습니다. 만약 4초 이내에 눈길을 돌리면 그 여성에게 관심이 없다는 뜻입니다.

그러나 여성은 남성과 다릅니다. 여성은 남성에게 끌리든 끌리지 않든 관계없이 비슷한 시간 동안 시선을 두는 것으로 나타났습니다. 즉 여성에게서는 남성을 바라보는 시선의 길이로 매력을 느끼는지 못 느끼는지를 평가할 수 없었다고 합니다.

그런데 우리는 어째서 첫눈에 반하게 될까요?

첫눈에 반해 사랑에 빠진 뇌 속을 보면 답이 나옵니다. 바로 '사랑의 묘약'이라 불리는 신경전달물질인 '페닐에틸아민(phenylethylamine)'의 농도가 상승하여 우리 마음을 지배하기 때문인데요, 페닐에틸아민 수치가 올라가면 이성이 마비되고 열정이 분출돼 행복감에 도취됩니다. 여기에 흥분과 긴장 그리고 유쾌함까지 동반됩니다.

또한, 인지 능력과 함께 감각 인지에도 영향을 끼칩니다. 첫눈에 반한 상태에서는 그 사람만을 바라보고, 그 사람이 어떤 말을 하든지 어떤 행동을 해도 사랑스러워 보입니다. 얼굴이 못생겨도 다 예뻐 보이고 잘생겨 보입니다. 흔한 말로 '눈에 콩깍지가 씌어' 있는 상태에서는 상대방의 결점이 눈에 보일 리가 만무하지요. 사실 페닐에틸아민은 마약의 주성분인 암페타민(amphetamine) 성분에 속합니다. 이 성분이 든 마약의 대표적인 것이 메스암페타민(methamphetamine) 즉 필로폰(philopon)입니다.

마약에도 작용시간이 있듯 사랑에 빠진 황홀한 기분에도 작용시간이 있습니다. 과학자들은 '사랑의 묘약' 페닐에틸아민의 마법이 지속되는 시간은 길어야 3년이라고 합니다. 결혼한 부부에게서는 보통 3개월에서 3년 사이에 분비가 거의 끝난다고 하지요. 특히 페닐에틸아민의 분비가 끝나가는 속도는 남자가 여자보다 빠릅니다.

뜨거운 사랑을 나누는 영화와 드라마를 보며 우리 부부는 왜 그렇지 않을까 생각해본 적이 있나요? 그런데 만약 부부가 계속 뜨거운 사랑만을 나눈다면, 부부가 만날 때마다 가슴 뛰고 두근거리고 설렌다면 이는 건강에 해로울 뿐만 아니라 일상이 벅차게 됩니다. 부부의 사랑은 뜨거운 사랑의 유효기간을 늘리는 것이 아니라 그다음 단계의 따뜻한 사랑으로 성숙되어야 합니다.

불같은 사랑의 시기가 지난 후 활발하게 분비되는 신경전달물질이 옥시토신(oxytocin)입니다.
옥시토신은 누군가에 의해 보호받고 있다고 느낄 때, 안정적인 기분이 들 때 분비됩니다. 옥시토신이 분비되면 친밀감, 유대감을 느낍니다. 옥시토신은 페닐에틸아민이 씌운 콩깍지를 벗깁니다. 편안함을 느끼기에 자신의 부족한 점을 내보이고 상대방의 부족한 점도 기꺼이 수용하는 탄탄한 사랑의 단계에 접어들게 됩니다. 단순히 상대에 대한 매력을 느끼는 것을 넘어서 서로에 대한 공감과 수용이 증가하는, 한마디로 성숙한 사랑의 단계입니다.

U턴 처방전

부부가 만날 때마다 가슴 뛰고 두근거리고 설렌다면 이는 건강에 해로울 뿐만 아니라, 일상이 벅차게 됩니다. 부부의 사랑은 뜨거운 사랑의 유효기간을 늘리는 것이 아니라 그다음 단계의 따뜻한 사랑으로 성숙되어야 합니다.

4장
2

부부는 일심동체일까

'부부는 일심동체'라는 표현 흔히 하지요. 부부는 서로 잘 통하기 때문에 항상 서로 마음을 잘 알아서 서로 무엇을 좋아하고 무엇을 싫어하는지, 몸이 편안한지 아픈지 등을 잘 이해한다는 의미로 풀이됩니다. 즉 '이심전심'이 되는 상태지요.

그러나 우리 부부는 그렇지 못하다고 너무 실망하거나 우리 부부관계가 잘못됐다고 생각할 필요는 없습니다. 사실 많은 경우 '일심동체'가 아닌 '이심이체'이고 '동상이몽'인 것이 현실입니다.

부부는 부모가 다르고 살아온 환경이 다르고 성격 또한 다른 두 사람이 만나 이루어지는 관계입니다. 완전히 타인끼리 만나서 한 팀을 이룬 것이지요. 저는 오히려 '이심이체'인 것이 더 타당하다고 생각합니다.

우리는 그래도 사랑하는 사람은 일심동체라는 환상 속에 살아가고 싶어 합니다. 특히 연애할 때 더욱 그러한데요, 부부가 되기 전 연애 시절을 정신분석적으로 한번 요모조모 살펴보겠습니다.

가족치료에 많은 연구를 한 학자 '사티어'의 연구에 의하면, 흔히 연애 시절에는 상대방을 이상화하고 자기 자신의 열등감을 만족시켜 줄 것이라고 기대한다고 합니다. 이렇게 이상화하는 경향 때문에 '제 눈에 안경'이라는 말도 있는 것 같습니다. 이렇듯 연애할 때는 모든 것이 다 좋아 보입니다.

일반적인 연애 심리를 보면, 얼굴에 자신감이 없는 남성은 얼굴 예쁜 여성을 찾고, 자신의 능력이나 재력에 자신이 없는 여성은 능력 있어 보이고 돈 잘 쓰는 남성을 찾는 경향이 있습니다.

그러나 연애 시절에는 자신의 열등감이나 상대방에 대한 기대는 말하지 않기 때문에 서로가 상대방의 마음을 모른 채(물론 결혼 전에 모든 것을 안다면 결혼 자체가 성사될 확률이 줄어들겠지만) 결혼을 하게 되고, 그 후 기대가 조금씩 어긋나면서 서로에게 실망하게 됩니다. 얼굴이 예쁜 줄 알았는데 화장발인 걸로 판명이 된다든지, 돈 잘 써서 능력 있는 줄 알았더니 다 카드

빚이어서 결혼 후 자신이 갚아야 하는 경우가 발생할 수 있지요.

특히, 남자들은 결혼 후 돌변하는 경우가 많습니다. 낚시꾼이 고기를 잡기 위해 미끼를 던지지만 잡힌 고기에게는 미끼를 주지 않는 것과 같습니다. 남자는 연애할 때는 열정을 보이나 결혼한 후에는 열정이 식습니다. 따라서 연애할 때는 주위 사람이 역겨울 정도로 때와 장소를 안 가리고 "자기야 사랑해."를 연발하다가도 결혼하면 사람이 달라집니다.

연애할 때 노래방 가서 애인이 노래를 불렀는데 점수가 95점 이상 나오면 사랑스런 목소리로 "어쩜 자기는 못하는 것이 없구나!"라고 이야기합니다. 그러나 결혼 후에는 다릅니다. 노래방에 같이 가지도 않습니다. 함께 가더라도 아내가 노래를 불러 95점 이상 나오면 "나 모르게 누구랑 노래방 다녔어?"라고 아찔한 도발을 합니다.

애인이 전철에서 졸면 "피곤하지. 내 어깨에 기대서 눈 좀 붙여." 이렇게 이야기하지만, 아내가 너무나 피곤해서 남편의 어깨에 기대면 남편은 "어깨에 피 안 통해."라고 어처구니없는 대응을 하기도 합니다.

하여튼, 연애 때 가진 막연한 환상 속에서 상대방의 허상을 보다가 결혼 이후 환상이 깨지면서 부부싸움이 시작됩니다. 그러면 연애 때 좋아 보였던 것도 단점이 되고 싸움 거리가 되는 것이지요.

사실 연애할 때는 자신의 기대대로만 상대방을 봅니다. 자신의 연장선에서 상대방을 본 것이지요. 누가 특별히 사기를 친 경우를 제외한다면 전적으로 자기 스스로 그렇게 판단하고 생각했던 것입니다. 사랑하는 사람, 부부는 일심동체라고 생각하면서 사실은 각자가 동상이몽을 꾼 것입니다.

부부가 정말로 일심동체가 되려면, 부부가 '이심이체'라는 현실을 서로 인식하는 데에서 출발해야 합니다. 이 말은 부부관계뿐 아니라 모든 대인관계에도 해당됩니다.

사실 부부관계뿐만 아니라 모든 대인관계에서의 불협화음은 남과 내가 다르다는 것을 알지 못하고 내가 좋아하니 상대방도 좋아하겠지 하며 남을 나의 연장선상에서 생각하는 데에서 생긴다고 볼 수 있습니다.

다시 강조하지만 진정한 일심동체가 되려면 이심이체라는 현실을 인정하는 데서 출발해야 합니다. 각자가 '내가 생각하는 방향이 배우자에게도 바람직한 방향일 것'이라고 자기중심적 사고를 했던 것이죠. 사실 오직 자기중심으로의 일심동체를 바라기 때문에 문제가 됩니다.

배우자에 대한 고려를 하지 않는 자기중심적 사랑, 상대방에 대한 지나친 의존성과 소유욕은 진정한 사랑이 아닙니다.

원만하지 못한 부부관계로 진료실에 상담하러 오는 부부들이 있습니다. 진료실에 들어와서도 부부싸움이 연장되는데, 서로 상대방을 깎아내리는 데만 집중합니다. 대개 자신만 희생했다고 생각하고 서로에게 상처를 주는 표현도 서슴지 않고 합니다.

"당신이 나한테 해준 게 뭐가 있어?"

"나는 당신 만나서 고생만 했어."

그런데 사실은 상대방이 자기 환상대로 움직여주지 않기 때문에 그러는 것입니다.

진료실을 찾는 많은 분들의 이야기를 들으며 부부싸움이 얼마나 사소한 문제로도 시작될 수 있는지를 실감했습니다.

여성 내담자는 자기의 입맛에 맞게 음식을 해서 배우자가 맛이 없다고 하면 화를 내는 경우도 있고요. 남성 내담자는 자신이 좋아하는 스포츠를 봐야 하는데 배우자가 드라마를 보자고 하여 싸우기도 합니다. 배우자가 좋아하는 것이 자신과 다르다는 것을 인정하지 않고 자기의 연장선에서 보기 때문이지요. 그러나 그래도 진료실 문을 두드리는 이런 부부들은 대개 좋은 결과를 낳을 가능성이 높습니다. 왜냐하면 바로 법원에 가지 않고 정신과 의사에게 왔다는 그 자체가 아직 가능성이 있다는 의미이기 때문이지요.

부부 불화로 상담하러 오는 분들에 대한 치료 중 가장 기본적이고 중요한 것이 대화의 장을 만들어주고 서로를 돌아볼 기회를 만들어주는 것입니다.

두 분을 그냥 두면 대화가 안 되기 때문에 정신과 의사라는 일종의 경기 심판이 필요하지요. 일단 두 분을 진정시키고 몇 가지 규칙을 정합니다. 제가 이야기하라고 한 사람만 이야기하고 다른 사람은 들어보라는 식으로 진행을 하지요.

양쪽 이야기를 들어보면 나름대로는 다 이유가 있습니다. 그리고 이들의 공통점은 서로 자기 입장에서만 생각했지 상대방의 마음을 한 번도 헤아려보지는 못했다는 것입니다.

부부싸움을 하는 이유를 항상 배우자의 문제 때문으로 돌리고, 심지어 배우자를 잘못 만났기 때문이라고 생각하기도 합니다. 그렇다 하더라도, 배우자를 선택한 건 본인이니 스스로에게도 문제가 없을 수 없지요.

대부분의 부부싸움은 같은 문제로 반복됩니다. 부부들은 "당신이 바뀌지 않으면" 같이 살 수 없다고 외치며 서로 바꿀 수 없는 똑같은 문제로 평생을 다툽니다. 언젠가는 배우자가 바뀔 것을 기대하니 포기하지 않고 싸우는 것입니다. 그런 기대가 애초에 없다면 누가 힘들게 싸우겠습니까. 하지만 기대는 기대일 뿐 현실은 냉혹합니다. "사람이 바뀌면 곧 죽는다."는 말이 있을 정도로 사람이 바뀌는 것은 참으로 어려운 일입니다. 같은 선상에서 "부부는 고쳐 쓰는 게 아니다."라는 말씀을 드립니다.

부부싸움은 대부분 '다름'에 뿌리를 두고 있습니다. 서로 당연한 '다름'을 '틀림'으로 인식합니다. 그리고 '다름'이 서로에게 불편함을 넘어 고통이 됩니다.

부부 사이의 갈등은 자신과 배우자가 다름을 이해하고 수용하는 자신의 공감능력 부족에서 찾아야 합니다. 설사 배우자가 달라져도 마음에 안 드는 바꾸어야 할 부분이 또 보일 겁니다. 결국 내가 배우자를 어떻게 바라보고 공감하느냐가 부부 관계를 크게 좌우하는 것입니다.

또한, 사랑은 능동적인 행위입니다. "배우자가 나에게 어떻게 대해주느냐"가 아니라, "내가 배우자를 위해 어떻게 대해주느냐"의 문제입니다. 사랑은 내가 받기만 하는 수동적인 것이 아니라 내가 상대에게 주는 능동적인 것입니다.

원만한 부부 사이를 위해 중요한 것 중의 하나가 부부가 서로를 이해해가는 대화입니다. 사실만을 주고받는 대화가 아니라 마음이 소통되는 대화가 이루어져야 합니다. 진료실에 온 많은 부부들이 서로를 이해하기 위한 대화는 한 번도 해보지 못했다고 고백하곤 합니다. 오래 같이 살았으니 대화를 많이 하고 소통도 잘 될 것 같지만, 의외로 소통하는 대화는 잘 이루어지지 않는 경우가 많습니다.

연애는 이상이고 결혼은 현실입니다. 연애는 환상으로 시작되지만 결혼생활이라는 것은 서로에 대한 비합리적 환상이 깨어지는 순간부터 시작됩니다. 결혼은 상대의 입장을 이해하고 상대방에 대한 지나치고 비합리적인 기대를 깨달아가는 과정이라고 볼 수 있습니다.

두 사람이 서로에게 원하는 기대치가 클수록, 특히 비합리적이고 자기중심적인 기대가 많을수록 결혼은 '사랑의 무덤'이 됩니다. 아무리 부부라도 서로 생각하는 것이 다르고 원하는 것도 다릅니다.

서로를 잘 이해하기 위해선 상대방이 좋아하는 것, 예를 들면 취미생활도 같이 하려고 노력해보기를 권합니다. 그게 힘들다면 배우자가 자신과 다르다는 것을 인정하고 존중해야 하고요.
상담 과정에서 서로 이야기를 들으며 자신이 배우자의 마음에 대해 미처 몰랐던 점을 알게 되는 경우가 많습니다. 진료실을 들어올 때는 이혼 직전의 상태이고 원수지간인데, 나갈 때는 잉꼬부부처럼 나갑니다.

통계청의 이혼통계에 따르면, 지난 2020년 기준 우리나라의 이혼 건수는 10만 7천 건, 혼인 건수는 21만 4천 건으로, 혼인 대비 이혼 비율이 50%인 걸로 조사되었습니다. 결혼이 하나의 선택이듯 이혼도 하나의 선택이 될 수 있습니다. 그러나 참지 못해 법원으로 가서 도장 찍기 전에, 서로 돌아보는 기회를 갖는 것도 유익할 것 같습니다.

부부의 촌수는 '무촌'이라고들 합니다. 남과 남이 만난 부부가 무촌 간이라는 것은 부부가 우리 인생에 얼마나 중요한가를 나타내주는 것으로 이해할 수 있습니다. 그리고 이 말에는 또 다른 깊은 뜻이 숨어 있습니다. 부부관계가 원만해지지 않으면 언제 부부였냐는 듯이 남남이 될 수도 있다는 의미입니다. 설사 결혼 생활은 유지하더라도 감정적으로 별거인 경우가 된다면 또 다른 의미의 무촌일 수 있습니다. '남이라는 글자에 점 하나만 지우면 님', '님이라는 글자에 점 하나만 찍으면 남'이 됩니다.

진정한 일심동체, 같은 생각 같은 몸을 가진 것처럼 이상적인 부부가 되고 싶으면 자기중심적 사랑에서 벗어나야 합니다. 배우자를 이해하고자 하는 태도, 먼저 부부가 이심이체라는 것을 철저하게 인정하고 수용하는 진정한 대화를 나누시기 바랍니다.

U턴 처방전

부부 일심동체는 없습니다. 서로 다른 사람이라는 걸 인정하고, 다름을 이해하고 받아들이는 것이 좋은 부부관계의 출발입니다. 사실을 확인하는 대화 말고, 서로의 마음을 이해할 수 있는 소통의 대화를 권합니다.

4장
3

여자의 언어, 남자의 언어

우리는 각자 살아온 환경이 다르고 성격 또한 다릅니다. 이러한 차이는 성별에 따라서도 있습니다. 물론 남녀 성별 차이에 대한 논란은 아직까지 많습니다.

여기서는 남녀에 대한 고정관념을 말하려는 것이 아니라, 성별에 따른 차이를 인정하고 수용해 더 나은 부부관계를 만들자는 것이므로, 남녀 차이 논란에 대한 이견을 뒤로하고 가벼운 마음으로 읽어주시기 바랍니다.

아내가 남편을 알고 남편이 아내를 안다면 부부싸움을 하더라도 부부관계가 위태롭지는 않을 것입니다. 반대로 아내와 남편이 서로의 행동양식을 제대로 이해하지 못한다면 부부싸움이 위태로운 관계를 만들 수 있음을 의미하기도 합니다.

여자는 하루에 평균 6~8천 단어를 말하고 의사소통을 위해 8천~1만 개의 제스처, 표정, 머리 끄덕임을 사용하며 이외에 추가로 2~3천 개의 소리를 사용합니다. 종합해보면 여자는 자신의 메시지를 전달하기 위해 하루 평균 2만 개 이상의 의사소통 표현을 사용합니다.

남자는 하루 2~4천 개의 단어, 2~3천 개의 몸짓 언어, 1~2천 개의 소리를 사용합니다. 하루 평균 약 7천 개의 의사소통 표현을 사용하니 여자에 비해 3분의 1에 불과하지요. 이러한 언어 사용의 차이는 일과가 끝나고 남편과 아내가 가정에서 만날 때 더욱 분명해집니다. 남편은 직장에서 이미 7천 개의 의사소통 표현을 모두 소진하였으므로 더 이상 말하고 싶은 생각이 없습니다.

피곤한 남편은 백 년 동안 잠자는 숲속의 왕자가 되고 싶지만, 아내는 다릅니다. 아내는 직장에서 이미 7천 개의 의사소통 표현을 소진했다 하더라도 아직 1만 3천 개의 의사소통 표현을 소진해야 합니다. 특히 아내가 전업주부이고, 말을 충분히 할 환경이 아니라면, 소진해야 할 2만 개에 가까운 의사소통 표현이 고스란히 남아 있습니다. 아내도 지쳐 있고 피곤하기는 마찬가지입니다. 오히려 아내의 피곤이 남편보다 그 이상일 수 있지요.

핵심은 남편은 침묵으로 스트레스를 풀고자 하고, 아내는 남편과 달리 말을 함으로써 스트레스를 풀고자 한다는 것입니다.

아내는 남편의 침묵을 감당하지 못하고, 남편은 아내의 수다를 감당하지 못하지요. 아내는 남편의 침묵을 무관심이라 생각하고, 남편은 아내의 긴 말이 비효율적인 시간 낭비라 생각합니다.

또 아내가 걱정거리를 말하면, 남편은 아내가 자신에게 해결책을 요구하는 것이라고 생각합니다. 그리고 해결책을 찾기 위해 초조해하고 자기 생각에 몰두하지요. 남편은 사랑하는 아내에게 문제 해결 방법을 일러주고 싶은 것입니다. 몸은 피곤하지만 그래도 아내에게 해결책을 찾아주기 위해 아내의 말을 중간에 끊습니다. 사실과 정보를 빠르게 파악해야 하니까요. 그러고는 해결책을 제시하지요. 아내 입장에선 '최악'입니다.

남편이 사실 확인을 위해 또는 해결책을 제시하기 위해 말을 끊는 것을 아내는 공감해주지 않는 것이라 생각합니다. 더 나아가 자신을 무시하고 공격하는 것이라 생각할 수도 있습니다. 그러나 아내도 알아야 합니다. 남편이 말을 끊는 것은 아내에게 가능한 한 빨리 해결책을 제시해주려는 남편의 어여쁜 마음이라는 것을.

남편은 아내가 말을 할 때, 끼어들어 해결해주려 하지 말고, 그저 경청하거나 공감해주면 됩니다. 공감이 어려우면, 그냥 잘 듣고 있는 것만으로도 충분합니다. 이야기가 긴 것 같아도 언젠가는 끝이 납니다. 가끔 고개를 끄덕이면서 리액션을 해준다면 더 좋습니다.

남편은 아내가 해결책을 원하지 않는다는 사실을 알아야 합니다. 아내가 핵심만 짧게 말하지 않는 것은 남편이 이해하기 쉽도록 전후 맥락을 자세하게 말해주려는 어여쁜 마음입니다. 아내의 말이 길어지는 건 그만큼 남편을 사랑한다는 뜻입니다. 아내의 사랑을 끊지 마세요. 원수 됩니다.

그래도 눈치 없는 남편을 위해, 구체적인 사례와 지침을 드리려 합니다. 아내가 "여보, 나 주름이 늘었어."라고 말할 때, 남편은 "피부과에 가라."가 아니라 "내가 보기에는 더 젊어 보이는데."라고 하면 됩니다. 아내가 여보 나 4kg 늘었어."라고 말할 때 "집에서 빈둥거리지 말고, 헬스장에 가라."가 아니라 "난 잘 모르겠는데."라고 하면 됩니다.

 U턴 처방전

부부 사이에 대화가 잘 통하지 않는 건 남녀의 뇌가 다르기 때문입니다. 아내는 말을 하며 스트레스를 풀려 하고 남편은 침묵으로 스트레스를 풀려고 합니다. 아내는 공유하고 공감을 얻기 위해 말하지만 남편은 숙제를 받은 듯 해결해주려고 하지요. 물론 모두 그런 것은 아니며, 대체로 그런 특징이 있다는 겁니다. 이런 서로의 특징을 잘 안다면, 말이 잘 통하는 부부가 될 수 있을 겁니다.

4장
4

사냥꾼인 남자,
둥지 수호자인 여자

남편이 아내와 두 딸을 태우고 운전을 하고 있습니다. 아내와 딸은 서로 좋아하는 연예인을 얘기하며 맞장구 치고 깔깔 웃기도 합니다. 그런데 남편이 갑자기 큰 소리로 조용히 좀 하라고 화를 냅니다. 깜짝 놀란 아내가 왜 화를 내느냐고 물으니 남편은 시끄러워서 운전을 할 수가 없다고 말합니다. 그런데 아내는 남편이 이해가 안 됩니다. 딸도 어이가 없습니다.

"우리가 이야기하는 게 아빠가 운전하는 거랑 무슨 상관이야?"

이런 경우도 있습니다. 거실에서 TV를 보고 있는데, 남편의 휴대폰이 울립니다. 남편은 전화를 받았고, 아내는 계속 TV를 보고 있었지요. 그런데 남편이 전화를 끊고는 한마디 합니다.

"옆에서 전화를 받고 있으면 TV를 끄거나 음량을 좀 낮추거나 해야 하는 거 아니야?"

TV를 보는 아내는 "왜 TV 소리를 낮추거나 꺼야 하냐"고 화를 냅니다. 왜냐하면, 아내가 전화를 받을 때에는 TV 소리를 낮추거나 TV를 끄지 않아도 아무렇지 않게 전화를 받기 때문입니다.

왜 이럴까? 내 남편만 이러는 것일까? 대부분 아내는 이런 남편의 행동을 이해하지 못합니다. 이는 남편의 뇌와 아내의 뇌가 다르기 때문입니다.

현재까지 남자와 여자의 두뇌 차이를 발견하려는 연구는 끊임없이 이어졌고 그 결과 남자와 여자 뇌의 구조에는 차이가 있다는 것을 밝혀냈습니다.

남자는 태초에 사냥꾼이었습니다. 사냥할 때는 사냥에만 집중해야 하지요. 남자의 두뇌는 특화돼 있고 구조화돼 있습니다. 남편의 두뇌는 한 번에 한 가지씩 특화된 일에만 집중하도록 구조화되어 있습니다. 게다가 남자의 두뇌는 좌뇌와 우뇌의 연결 상태가 좋지 않습니다. 그래서 남자는 운전할 때 운전만 해야 하고, 전화를 받을 때는 통화에만 집중해야 합니다. 만약 남편이 신문을 읽고 있을 때 그의 두뇌를 본다면, 아마도 거의 아무것도 듣지 못하는 상태임을 발견할 수 있을 겁니다.

그러나 아내는 태초에 아이의 양육자이고 둥지 수호자였습니다. 아내는 아이를 돌보면서 식사 준비도 하고 둥지를 침범하려는 침략자도 미리 발견할 수 있어야 했지요. 그래서 아내의 두뇌는 한 번에 여러 가지 일을 수행하는 다중처리가 가능하도록 설계돼 있습니다. 여자는 좌뇌와 우뇌를 연결하는 뇌량(corpus callosum)이 남자보다 30%나 두텁고 우수합니다. 다시 말해 서로 관련 없는 일을 동시다발로 처리할 수 있는 거죠. 차를 운전하면서 수다를 떨 수 있고 화장을 하고 라디오를 들으면서 핸즈프리 전화기로 통화까지 할 수 있으며 전화를 하고 TV를 보면서 요리도 할 수 있습니다.

한편 남성은 뇌의 공감 기능이 여성보다 떨어집니다. 태초에 사냥꾼인 남편이 동물의 상황에 공감하면 사냥을 할 수 없습니다. 사냥꾼인 남편은 동굴에 있을 시간이 별로 없었기 때문에 비언어 신호를 간파하는 방법을 제대로 배우지도 못했죠. 다시 말해 눈치가 없고 직관력이 떨어집니다. 그리고 남편의 뇌는 사냥을 끝내고 둥지에 들어오면 두뇌가 휴식 상태에 돌입하며 두뇌 활동 중 70%가 정지됩니다.

그러나 아이의 양육자이고 둥지 수호자인 아내는 가족의 안전을 보장하기 위해 자식의 행동에서 배고픔, 부상, 화남, 절망 등 사소한 변화를 읽어낼 수 있어야 했습니다. 아내는 가족들의 미묘한 분위기 변화와 태도 변화를 간파하는 능력이 필요했지요. 따라서 아내의 공감능력은 발달돼 있고 아내의 두뇌는 휴식 중에도 90%가 활동을 계속합니다. 아내의 뇌는 쉬지 않는 거죠.

여자들은 주변 환경으로부터 끊임없이 정보를 받아서 분석한다는 말입니다. 아내는 남편과 자녀들의 희망, 꿈, 생각, 감정, 그들의 거짓말까지도 훤히 꿰뚫고 있을 수 있습니다. 그래서 남편이 아내에게 거짓말을 하면 들킬 확률이 높습니다. 남편은 아내에게 거짓말을 해서는 안 됩니다. 꼭 필요한 거짓말이라면 말이 아닌 글로 하세요. 글에는 표정 제스처의 시각적 요소와 목소리 톤 억양 등 청각적 요소가 없기 때문에 그나마 들킬 확률을 낮출 수 있습니다.

아내가 남편에게 묻습니다.
"내가 왜 화났는지 알겠어?"
"당신이 뭘 잘못했는지 알겠어?"
"내일이 무슨 날인 줄 알아?"

평화를 원한다면, 묻지 마세요. 남편은 직관력도 공감 능력도 떨어집니다. 수수께끼를 내지 말고 그냥 말해주는 게 좋습니다.
"내일은 내 생일이고, 나는 조그마한 선물인 다이아몬드를 원해."
이렇게 아주 명확하게요.

다이아몬드 이야기는 웃자고 한 얘깁니다. 남편이 너무 밉다면, 남편이 못을 박을 때 말을 시키라는 우스개도 있습니다. 이런 이야기의 핵심은 남자의 뇌 구조가 한 가지에만 집중하도록 되어 있다는 거지요. 이런 차이를 알고 서로 이해할 수 있기를 바랍니다.

 U턴 처방전

남편과 아내의 두뇌 차이를 정당화하려 함이 아닙니다. 남편과 아내가
서로 다를 수 있음을 수용하고 더 나은 관계로 나아가기 위함입니다.
세상의 남편과 아내가 지금보다 더 행복하기를 바랍니다.
한마디 더. 아내여! 남편은 한 번에 하나씩밖에 못 하는 두뇌를 가진 가
여운 인간입니다. 아내여! 남편은 공감능력이 떨어지는 가여운 인간입
니다. 그러니 묻지 마세요. 남편은 직관력도 공감능력도 떨어지는 뇌를
가졌습니다. 수수께끼를 내지 말고 그냥 말해주세요.

남편 사용 설명서

"아내들은 왜 남편을 '남의 편'이라고 할까요?"

질문을 바꿔볼까요?

"남편은 왜 '남의 편'이 되었을까요?"

이번에는 남편을 내 편으로 만드는, 일명 '남편 사용 설명서'에 대해 얘기해 보겠습니다.

앞에서 언급했듯 남자는 스트레스에 대처하는 방식이 여자와 다릅니다. 남자는 스트레스를 받는 환경에서 주변 사람(특히 아내)에게 반응을 보이지 않는 '자기중심적인 행동 양식'을 보입니다. 즉, 남편은 문제를 해결하기 위해 내면에 집중하면서 혼자 있으려 합니다. 혼자만의 물리적 공간이나 심리적 공간인 동굴로 들어가 생각하는 로댕이 되려고 하지요.

왜 이런 경향이 생겼을까요?

남자는 태초에 사냥꾼이라고 말씀드렸습니다. 사냥꾼은 사냥할 때 강인함을 보여야 하지요. 자신의 무능함과 허약함을 보여서는 안 됩니다. 사냥꾼 출신인 남편은 아내에게 자신의 문제를 이야기하는 것 자체가 무능이고 허약함이라 생각합니다. 조용히 동굴 속으로 들어가 오늘의 사냥 실패를 곱씹으며 생각하지요. 마침내 문제를 해결할 방안을 찾으면 스스로 동굴에서 나와 행복한 마음으로 먼저 말을 합니다.

하지만 아내는 동굴로 숨은 남편을 걱정합니다. 남편의 스트레스를 덜어주고 싶어, 속 시원하게 얘기해보라고 합니다. 하지만 남편 입장에선 그게 '최악'입니다. 오히려 남편의 스트레스를 가중시킬 확률이 높죠. 심지어 혼자만의 시간을 방해받은 남편은 벌컥 화를 낼 수도 있습니다.

또 아내들이 이해하지 못하는 부분 중 하나가 남편들이 자신의 실수나 잘못을 결코 인정하려 들지 않는다는 점입니다. 아무리 생각해봐도 분명 남편의 실수나 잘못인데, 남편은 웬만해선 자신의 실수나 잘못을 사과하거나 용서를 구하지 않습니다.

왜 그러느냐고요?

다시 한 번, 남자는 태초에 사냥꾼이었다는 걸 생각하세요. 사냥꾼의 실수와 잘못은 곧 그가 사냥에 실패했음을 의미하는 것이고, 그건 곧 내 가족이 굶어 죽는 것을 의미합니다. 사냥꾼에게 가족을 지키지 못한 삶은 의미가 없는 것이지요.

따라서 남편은 "나는 실수할 수 없다. 잘못할 수 없다."고 생각합니다. 더 나아가 "나는 나의 실수나 잘못을 시인할 수 없다."고 생각합니다. 사냥꾼에게 '미안해'라는 말은 사전에 없는 것입니다.

그러다 보니 남편은 분명히 자신이 실수나 잘못을 했다는 사실을 마음으로는 인정하면서도 "그럴 수도 있지. 그런 걸로 사과까지 할 필요가 있나?" 하면서 얼버무립니다. 남편이 자신의 실수나 잘못을 인정하지 않으려 하는 것은 가족을 지키려는 어여쁜 마음에서 나온 것입니다.

이제 많은 아내들에게 '남의 편'인 남편을 '내 편'으로 만들기 위한 '남편 사용 설명서'를 드리고자 합니다.

첫째, 남편이 동굴 속에 들어가면 나올 때까지 기다려주세요.

많은 아내들이 동굴 속에 들어가는 남편들의 행동에 대해 오해합니다. 나한테 화나는 일이 있나, 하고 신경을 쓰게 되지요. 그러나 남편의 행동은 그런 의미가 아닙니다. 남편에게 말을 했는데 제대로 듣고 있지 않다고 느낀다면, 남편은 아직 동굴 속에 있음을 의미하니 대화를 중단하고 나올 때까지 기다리면 됩니다. 남편이 동굴 속에 완전히 들어갔다고 생각될 때는 신경 쓰지 말고 하던 일을 하면 됩니다. 그렇게 가만히 두면 오히려 빨리 동굴에서 나올 겁니다.

둘째, 남편이 실수를 인정하지 않아도 다그치지 마세요.
아내들은 여자인 자신들이 실수와 잘못을 인정하는 것에 유연하듯, 남편들도 그래야 한다고 생각합니다. 아내들은 실수와 잘못을 인정하는 것이 오히려 인간관계를 강화하고 신뢰를 구축하는 계기가 된다고 생각합니다. 그래서 남편에게 "잘못을 하면 미안하다고 사과를 해야지, 왜 그렇게 자신의 실수나 잘못을 인정하지 않느냐"고 다그치기도 합니다. 하지만 그럴수록 원하는 답을 듣기 어려울 수 있습니다. 가만히 두면, 남편은 마음으로 깊이 반성합니다. 물론 실수를 인정하고 사과하는 것이 바람직하기는 합니다. 하지만 그게 익숙하지 않다면 억지로 강요하지 마세요.

U턴 처방전

부부는 자기가 원하는 방식이 아닌 상대방을 이해하는 방식으로 문제를 바라보는 것이 좋습니다. 아내는 남편이 동굴 속에 혼자 있는 것을 지켜봐 주면 됩니다. 남편의 실수나 잘못을 다그치지 않고 그냥 두면 남편은 뼈저린 반성을 합니다. 아내가 남편과, 남편이 아내와 서로 다름을 수용하고 더 나아가 이해함으로써 가화만사성(家和萬事成)을 이루시기 바랍니다.

난 늘 당신 편

매일 혼자서 운동하는 것과 부부가 사이좋게 지내는 것, 어느 것이 건강에 더 좋을까요?

세계적인 가족치료학자 존 가트맨 박사는 매일 혼자서 운동을 하는 것보다 하루에 20분이라도 행복한 결혼생활을 유지하기 위해 노력하는 것이 건강과 장수에 더 효과적이라고 했습니다.

미시간대학교 노년학연구소의 루이 버브루그와 제임스 하우스 교수의 연구에 따르면, 부부 사이가 나쁘면 병에 걸릴 확률이 약 35% 높고 수명은 평균 4년 정도 단축된다고 합니다.

또 영국의 한 의학 저널에 실린 연구 결과에 의하면, 심장질환을 앓고 있는 남자 8,500명 중 "당신의 아내는 당신을 사랑합니까?"라는 질문에 그렇다고 대답한 사람이 아니라고 대답한 사람보다 2배 정도 빨리 회복되었다고 합니다.

또한 유방암을 앓고 있는 1,000명의 여자를 대상으로 한 연구 결과에서는 "당신의 남편은 당신을 사랑합니까?"라는 질문에 "네."라고 대답한 사람이 "아니요."라고 대답한 사람보다 5년 후에 생존해 있을 확률이 두 배 정도 높았다고 합니다.

이렇듯 수많은 임상 연구들이 남편과 아내, 부부가 서로 사이좋게 지내는 것이 건강하게 사는 데 매우 커다란 영향을 미친다는 것을 입증하고 있습니다.

21세기는 'NQ(Network Quotient, 이하 공존지수)시대'라고 합니다. 다른 사람들과 더불어 살아가는 능력을 나타내는 '공존지수'는 노후에 더욱 중요한 의미를 갖습니다.

하버드대학교 의과대학에서 1938년부터 현재까지 진행하고 있는 건강과 행복에 관한 추적조사 연구가 있습니다. 2003년부터 이 연구의 책임을 맡고 있는 로버트 왈딩어 정신건강의학과 교수는 이렇게 말했습니다.

"우리를 건강하고 행복하게 하는 것은 첫째, '안정된 결혼생활'을 포함하는 좋은 인간관계다. 둘째, 좋은 인간관계는 양보다 질이다. 셋째, 좋은 인간관계는 몸과 마음뿐 아니라 두뇌도 보호한다."

미시간대학교 심리학과의 로버트 칸과 토니 안토누치 교수의 '호위대 모델(convoy model)'을 인용해보겠습니다.

호위대 모델은 인간관계 네트워크가 노후의 건강과 행복에 어떤 영향을 미치는지 설명하는 개념입니다. 이 모델은 나를 둘러싼 주변 사람들, 즉 인간관계 네트워크가 어떻게 구성되는가를 보여줍니다.

먼저 네 개의 동심원을 그리고, 가장 안쪽 원에는 '나'를 적습니다.

두 번째 원에는 소위 '1차 네트워크'인 나에게 가장 중요하고 친밀한 사람들을 적는데, 가족이나 친한 친구가 여기에 포함됩니다.

세 번째 원에는 소위 '2차 네트워크'로 1차 네트워크만큼은 아니지만 친하고 중요한 사람들을 적습니다. 대개 학교 동창이나 동네 이웃, 지인들로 구성됩니다.

가장 바깥 원에는 소위 '3차 네트워크'인 직장이나 공적인 활동을 통해 만나는 사람들을 적습니다.

여기서 중요한 것은 원 안에 누가 있는지, 사람들이 몇 명이 있는지, 그 사람들과의 관계가 얼마나 오래 유지되는가 하는 점입니다.

10년 전, 20년 전에도 이 원 안에 있었던 사람들은 누구인가? 앞으로 10년, 20년 후에도 이 원 안에 있을 사람들, 내 곁에서 인생의 호위무사가 되어줄 사람은 누구인가?

이렇게 인간관계 네트워크를 점검하다 보면, 직장을 다니는 현역 시절에는 3차 네트워크가 중요한 역할을 합니다. 하루 중 가장 많은 시간을 직장에서 보내기 때문이지요. 그러나 은퇴하면 가장 빨리 소멸하는 과정을 밟습니다. 은퇴 후엔 2차 네트워크도 흔들립니다. 동창 모임이나 지인 모임에 나가도 자기와 형편에 맞지 않는 사람들과 만나거나 대화하는 것이 불편해지기 때문이지요.

나이가 들수록 중요한 관계는 바로 1차 네트워크인 가족관계, 특히 배우자와의 관계라는 사실을 알 수 있습니다. 즉, 인생 마지막까지 호위무사는 부부입니다.

그렇다면 건강하고 행복한 노후를 위해 부부부관계가 가장 중요함을 알 수 있는데, 부부간의 공존지수를 높이려면 어떻게 해야 할까요?

첫째, 부부가 서로 바라는 노후를 구체적으로 그려보고 함께 설계해 나가야 합니다.
지금까지 부부의 인생계획 중 부모로서 세운 계획이 대부분이었다면, 이제는 부부 중심의 삶에서 의미와 행복을 찾아야 합니다. 우리나라도 이제 '100세 시대'입니다. 대개 환갑에 이르면 수명을 다했던 시절에는 열심히 돈을 벌고 자식을 키워 시집·장가를 보내면 인생도 거의 마무리되었습니다.

하지만 이제는 직장에서 은퇴하고 자녀들을 독립시킨 후에도 부부가 함께 30~40년을 더 살아야 하는 시대가 되었습니다. 따라서 지금까지와는 전혀 다른 인생 설계가 필요합니다. 신혼생활을 준비하는 부부처럼 중장년의 부부들도 다시 한번 머리를 맞대고 나머지 반평생을 살아갈 준비를 해야 합니다.

은퇴 후 행복한 부부생활은 두 사람이 그리는 노후가 동상이몽이 되지 않도록 하는 것이 가장 먼저입니다. 은퇴 후 삶에서 부부 각자의 우선순위가 무엇인지, 은퇴 후에 어디서 살고 싶은지, 부부 각자가 꿈꾸는 삶의 모습을 서로 확인하고 그 간격을 좁혀 나가야 합니다.

둘째, 배우자와 가장 좋은 친구가 되어야 합니다.
가족학자들은 나이가 들수록 부부 사이에 우정을 쌓는 것이 중요하다고 충고합니다. 가슴 떨리는 뜨거운 열정은 쉽게 무뎌지지만 따뜻한 우정은 시간이 갈수록 더 깊어져서 함께 사는 행복의 원동력이 되기 때문입니다.

셋째, 부부 사이의 역할 재정립이 필요합니다.

최근 은퇴기에 돌입한 중장년층의 '일터형 인간'으로 살아온 남편들은 새로운 역할에 대한 각고의 노력이 필요합니다. 그동안 해오던 관습을 전환해야 합니다. 젊어서는 일을 챙겼지만 나이 들어서는 아내를 챙겨야 합니다.

은퇴 후 부부들이 가장 많은 갈등을 경험하는 영역이 가사분담 문제인데, 특히 전업주부로 살아온 여성들이 퇴직 후 가정으로 돌아온 남편들을 종일 뒤치다꺼리 하면서 많은 스트레스를 호소하고 있습니다. 이러한 현상을 '퇴직 남편 재가 증후군(retired husband syndrome)'이라고 부를 정도로 사회 문제가 되고 있지요.

은퇴 후 부부는 자녀 양육자로서의 역할, 생계 부양자로서의 역할 등을 마치면서, 새로운 역할 조정의 단계로 돌입하게 됩니다. 이때 부부는 '남편의 일' 혹은 '아내의 일'을 고수하기보다는 집안의 일을 공유하고 서로에게 돌봄 제공자가 되어야 합니다.

남편에게 말합니다. "집안일은 나의 일이다."라는 결연한 의지가 중요합니다. 그래야 겨우 균형을 맞출 수 있습니다.

매일의 삶에서 서로 돕고 배려하는 돌봄 능력이야말로 100세 시대에 부부가 가져야 할 중요한 자질입니다. 사랑하는 사람을 위해 수고하는 것이 행복입니다.

넷째, 반성과 감사입니다.

노후에 홀로되면 대부분 배우자가 살아있을 때 좀 더 잘해주지 못한 것을 후회합니다. 부부들은 젊은 시절 오래도록 서로의 마음을 바꾸려는 헛된 노력으로, 서로 상처 주고 상처를 받습니다. 그게 헛되다는 걸 나이가 들어서야 깨닫게 되지요.

배우자를 바꾸려고 하는 우리의 마음을 바꿔야 합니다. 상처를 주고받았던 점을 반성하고, 있는 그대로 마주해야 합니다. 배우자가 살아있음에, 현재 나와 함께한다는 것만으로 감사해야 합니다.

세상사는 시작할 때보다 마칠 때가 더 중요합니다. 부부생활도 마찬가지인 것 같습니다. 노년이 행복하면 그 인생은 성공한 인생이라 할 수 있을 겁니다.

 U턴 처방전

인생 마지막까지 서로의 호위무사는 부부입니다. 지금 서로의 배우자에게 말해주세요.
"난 늘 당신 편입니다."

화목한 부부가
자녀교육의 첫걸음

본론을 말하기 전에 스트레스에 대해 잠깐 언급하겠습니다.

먼저, 스트레스에 관한 연구 하나를 살펴보죠.

미국 시애틀에 소재한 워싱턴주립대학교 정신과 교수 홈즈와 동료 연구자인 샌디에이고 미 해군 건강연구소 라히 대령이 밝혀낸 것입니다. 두 사람은 수많은 스트레스 요인들 중 개인의 지속적인 생활에 주요한 변화를 가져오는 사건들을 조사해서 43가지의 항목을 스트레스가 많은 정도에 따라 점수와 순서를 매겼습니다.

그리고 사람들에게 생활의 주요한 변화를 가져다주었던 사건들과 신체 건강을 상호비교 했는데, 둘 사이에 의미 있는 상관관계가 있음을 밝혀냈습니다. 지난 1년간 스트레스가 되는 사건이 많을수록 건강상태의 부정적 변화가 크거나 많았다는 것인데, 즉 스트레스가 많은 삶을 사는 사람들이 병에 잘 걸린다는 것입니다.

각설하고, 여러분은 살면서 가장 큰 스트레스를 주는 일이 무엇이라고 생각하나요?

홈즈와 라히의 연구에 의하면, 1위가 배우자의 사망이고, 2위가 이혼, 3위가 부부 별거 순이었습니다. 그러나 우리나라는 이와 달리 1위가 자녀의 사망, 2위가 배우자 사망, 3위가 부모 사망, 4위가 이혼 순이었습니다. 순위가 다른 것은 문화 차이에 의한 것이라 해석됩니다.

이를 분석해보면 우선 눈에 띄는 것은 미국은 부부관계 중심 사회이고 우리나라는 부모 자식 관계 중심 사회라는 점입니다. 자녀에 대한 높은 교육열도 일면 우리나라의 부모 자식 관계 중심 사회라는 측면에서 볼 수 있겠습니다.

이제 처음 하려고 했던 이야기로 돌아와서, 우리나라 부모들의 자녀교육 방법에 대해 생각해봅시다.

현재 우리나라의 가정교육은 지나치게 자녀 중심입니다. 자녀들이 공부를 한다고 책상 앞에 앉으면 우리 부모들은 왜 그리도 작아지는지! 거실에서 TV를 보는 것도 공부에 방해될까 봐 눈치를 보게 되고, 손님이 와도 조심하게 됩니다. 이런 모습이 자녀를 위한 것처럼 보이지만, 넓게 보면 자녀를 위한 교육 태도가 아닐 수 있습니다. 이렇게 조심하는 것이 자녀가 공부하는 데 방해를 안 할 수는 있겠지만, 자녀는 집안의 분위기가 자기중심으로 돌아가는 것을 당연하게 받아들이게 됩니다. 나아가 어른이나 타인의 존재를 인식 못 해 원만한 인간관계를 맺을 수 없는 이기적인 아이로 자라게 됩니다. 부모가 아이를 망쳐버리는 것이지요.

심지어 어떤 어머니는 자녀를 위한 나머지 남편에게 자녀의 일을 심부름을 시키기도 합니다. 또 어떤 아버지는 아이가 어머니에게 반찬 투정을 하면 식탁도 살펴보지 않고 아내에게 "애들에게 신경 좀 써!"라며 만용에 가까운 한마디를 합니다.

이렇게 되면 아이는 의존심만 높아지고 나약해집니다. 따라서 조그마한 스트레스에도 쉽게 정신적인 문제를 일으키게 됩니다. 자녀의 정신건강을 해쳐 어른도 모르고 버릇도 없는 아이로 만들게 되는 거지요 아이를 위한다는 것이 오히려 아이를 버려놓는 셈입니다.

자녀 진료를 위해 자녀를 데리고 진료실에 온 부모님들을 보면, 자녀를 앞에

두고 서로에게 책임을 미루며 싸우는 경우를 흔히 볼 수 있습니다. 어떤 경우에는 오히려 자녀가 부모에게 그만 싸우라며 부모처럼 꾸중하기도 합니다.

자녀의 정신건강을 위한다면 무엇보다 부부간의 건강한 대화와 화목한 관계가 우선 되어야 합니다. 자녀를 위한다면서 서로의 권위를 격하시키면 부모의 지도력에 힘이 떨어집니다. 잘못된 자녀 중심의 교육은 자녀를 남을 고려할 줄 모르는 이기적이고 충동적인 사람으로 자라게 하고, 의존심은 더욱 깊어져서 나약한 사람이 되게 합니다.

그렇다면 어떻게 해야 할까요?
올바른 자녀교육이야말로 개인뿐만 아니라 사회와 국가, 우리 모두의 아름다운 미래를 위해서도 중요합니다. 특히 가정교육은 모든 교육의 기본입니다. 우리나라의 자녀 중심 교육이 성숙된 예의와 바른 대인관계를 가능하게 하는 교육이라면 아주 좋지만, 지금 많은 가정에서 하고 있는 교육은 "공부한다고 하면 다른 건 어른이 다 해준다."는 식이니 문제가 됩니다. 위아래도 없는 교육은 과녁을 완전히 빗나간 '오발탄 교육'일 뿐입니다.

"부부가 있은 후에야 자식도 있다."

자녀를 키우고 있는 부모들이 한번쯤은 생각해보아야 할 말입니다. 부모가 자녀교육을 잘못해서 미숙한 어른을 만드는 것은, 교육이 아니라 아이에게

'해코지'를 하는 것이나 마찬가집니다.

진정 올바른 자녀 중심의 교육은 어디까지나 건강하고 책임감이 있으며 예의 바른 어른을 만들기 위한 교육이어야 합니다. 그 첫걸음으로 원만한 부부, 화목한 부부가 되어야 올바른 부모와 자녀 관계가 형성되고, 그래야 자녀가 올바른 정신건강을 이룰 수 있습니다.

 U턴 처방전

진정 올바른 자녀 중심의 교육은 어디까지나 건강하고 책임감이 있으며 예의 바른 어른을 만들기 위한 교육이어야 합니다. 원만한 부부, 화목한 부부가 되어야 올바른 부모 자녀 관계가 형성되고, 그래야 자녀도 올바른 어른이 될 수 있습니다.

5장

내 아이의
마음 행복을 위한
뇌과학적 출구전략

Q

당신이 어렸을 때 생각한 좋은 부모와
나쁜 부모는 어떤 모습입니까?

A

Q

당신은 지금 당신의 자녀에게 어떤 부모입니까?
좋은 부모입니까, 나쁜 부모입니까?

A

조직폭력배보다 뜨거운 뇌

청소년기 자녀가 무슨 생각을 하는지, 마음 상태는 어떤지를 잘 아는 부모가 있을까요? 단언컨대 아마 없을 겁니다. 왜냐하면 인간의 몸이 급격히 성장하는 청소년기 때는 몸만큼이나 뇌도 빠르게 성장, 변화하기 때문이죠.

부모님들은 본인의 청소년기 시절이 어땠는지도 잘 기억이 안 날 거예요. 하지만 아이들에겐 항상 말하죠.
"나도 너희들 시절 겪어봐서 다 알거든!"
그러곤 흔히 말하는 '라떼'를 말하기 시작하고, 자녀에겐 꼰대 부모가 됩니다. 아이들은 제발 좀 자기를 내버려 두라고 하지만, 먼저 살아본 부모는 그럴 수 없죠. 꼰대가 되더라도 내 아이가 자기 몫을 해내는 사람이 되도록 잘

키우고 싶은 게 부모 마음이니까요.

자녀와 좋은 관계를 유지하면서 양육도 잘 하려면, 먼저 자녀를 잘 알아야 합니다. 그리고 부모도 자신이 어떤 사람인지를 잘 알아야 하죠. 그런데 우리는 자녀도 잘 모르고 부모인 나 자신도 잘 모르고 있는 경우가 많습니다.

청소기 자녀를 둔 흔한 가정의 모습을 한번 볼까요?

저녁 8시, 중학교 2학년인 아이가 집에 들어오자마자 가방을 던지며 학원 숙제가 너무 많다며 불평불만을 터뜨립니다. 마침 거실에 앉아 있던 아버지가 아이에게 말하죠.

"다른 애들은 더 많이 해. 옆집 지훈이는 초등학교 6학년인데도 10시까지 학원에서 공부하고 오더라. 너는 겨우 그 정도 하고도 힘들다고 하면, 나중에 취직이나 제대로 하겠냐? 더 열심히 해도 모자랄 성적에……."

그런데 아이도 가만있지 않고 한마디 합니다.

"아이씨 X같네."

그러곤 문을 쾅 닫으며 자기 방으로 들어갑니다.

아버지는 화가 나서 더 큰소리를 칩니다.

"이 자식이 부모한테 욕을 해? 너 이리 안 나와?"

아이가 나오지 않자 기어코 아이의 방까지 들어가지요.

"너 같은 놈 학원비 버느라 아빠가 회사에서 어떻게 일하는지 알아?"

그러자 아이가 대꾸합니다.
"그럼 그만두시든가. 누가 학원 보내달라고 했나? 자기가 보내놓고는, 꼰대 같이."

아이의 태도에 흥분한 아버지는 어떻게 했을까요?

진료실에 자녀 문제로 많은 분이 오시는데, 이러한 상황 뒤에 더 심각한 일들도 일어나곤 합니다.
부모들은 아이의 달라진 모습에 당황해서, 뭔가 문제가 있는 게 아닐까 고민을 털어놓습니다.
"부모 말도 잘 듣고 마냥 착하던 아이였는데, 왜 이렇게 된 걸까요?"
"어떻게 부모한테 이럴 수 있지요?"

사랑하고 믿었던 자녀에 대해 배신감과 허탈감마저 느낍니다. 그러곤 아이가 무언가 잘못되어 가고 있다, 내가 그동안 아이를 잘못 키운 건가, 그렇다면 뭘 어떻게 해야 할지 답을 찾기 위해 책도 보고 병원도 찾습니다.

이렇게 쉽지 않은 상황에서 부모들은 어떻게 아이들이 청소년기를 잘 항해해 갈 수 있도록 도와줄 수 있을까요?

일단 우리 아이들이 청소년기가 되면 키와 몸무게가 성장하듯, 아이의 뇌와 마음이 예전과 다른 것은 당연하다고 받아들여야 합니다. 청소년의 뇌와 마음은 원래 그런 시기입니다. 자녀를 알려면 자녀 마음을 잘 알아야 하는데, 자녀의 마음은 뇌가 좌우합니다. 그러니까 핵심은, '우리 아이의 뇌'를 이해하는 것입니다.

◆ **청소년 뇌의 불균형**

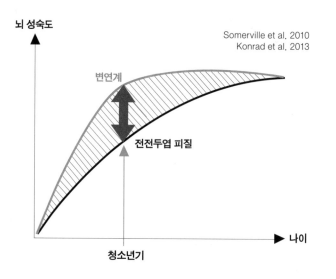

청소년의 뇌를 성인의 뇌와 비교하여 보면, '분노, 흥분, 공격성' 등 즉각적이고 강렬한 부정적 감정을 일으키는 역할을 하는 감정의 중추인 변연

　　　　　　　　　　　마음출구 있음_ YOU TURN

계(limbic system)가 빠른 속도로 발달합니다. 그중에서도 특히 편도체(amygdala)는 굉장히 빠른 속도로 발달합니다. 반면에 자기를 인식하고 감정·충동을 조절하고 행동을 계획하는 역할을 하는 이성의 중추인 전전두엽피질(prefrontal cortex)은 완만한 속도로 발달합니다.

따라서 청소년의 뇌는 감정 반응의 브레이크 작용을 하는 '차가운 뇌'인 전전두엽의 힘이 감정 반응을 일으키는 '뜨거운 뇌'인 변연계에 비해 가장 격차가 벌어져 상대적 힘이 가장 떨어지는 시기인 거지요. 그래서 청소년의 뇌는 성인처럼 전전두엽이 성숙하기 전까지는 의사결정, 감정반응, 행동이 '뜨거운 뇌'인 변연계의 지배를 더 많이 받게 됩니다.

이런 이유로 청소년 특히 중학교 2학년 전후에는 감정이 이성보다 훨씬 앞서게 됩니다. 감정을 잘 주체하지 못하고, 충동을 잘 억제하지 못하고, 본능에 더 민감하고, 쉽게 흥분하거나 좌절하게 됩니다. 이렇듯 뇌가 불안정하니 스스로 통제 불능의 상태에 빠지는 경우가 많지요. 한때 북한이 남침을 못 하는 이유가 남한의 중2가 무서워서라는 농담이 돌기도 했을 정도죠.

자, 그러면 부모님들에게 물어보겠습니다.
"조직폭력배처럼 보이는 사람이 버스 정류장에서 주위에 누가 있든 신경 쓰지 않고 담배를 피우고 있습니다. 그 사람에게 가서 여기서 담배 피우지 말라고 말할 수 있겠습니까?"

아마 십중팔구는 그렇게 못할 것입니다. 뇌의 상태만으로 보면 우리 청소년은 감정반응이 그 조직폭력배보다 좋지 않은 상태일지도 모릅니다. 그런데 안타깝게도 청소년의 뇌와 마음에 대한 이해가 부족한 부모는 자녀의 부정적인 감정반응에 직접적으로 맞대응하고 다그치고 비난하기까지 합니다. 일일이 언급할 수 없지만, 부모의 '무지'와 '이해 부족'은 많은 참사를 낳기도 합니다. 그러한 일을 예방하기 위해서라도 부모들은 청소년기 자녀의 뇌 변화에 대해 잘 알고 그에 맞게 대응해야 합니다.

U턴 처방전

청소년의 뇌는 성인처럼 전전두엽이 성숙하기 전까지는, 의사결정, 감정반응, 행동이 '뜨거운 뇌'인 변연계의 지배를 더 받게 됩니다. 부모는 청소년 자녀의 '뜨거운 뇌'가 식기를 기다려주고, '차가운 뇌' 전전두엽의 역할을 도와주어야 하는 존재입니다.

5장
2

청소년 뇌의 이유 있는 반항

〈이유 없는 반항〉이라는 영화가 있었습니다. 1950년대 미국 청소년의 모습을 그린 작품으로 '제임스 딘'은 이 영화 한 편으로 청춘을 상징하는 불멸의 아이콘이 되었지요. 영화 속 주인공인 세 명의 청소년들은 겉으로는 단란한 가정의 아이들 같았지만, 여러 가지 갈등이 있었고 금방이라도 폭발할 것만 같은 '질풍노도(疾風怒濤)'의 상태였습니다.

이 영화가 우리에게 시사해주는 것은 이 세 명의 청소년들이 '정신질환'을 가진 아이들이 아니라 우리 주변에서 흔히 볼 수 있는 청소년들이라는 점입니다. 그들의 반항은 영화 제목 '이유 없는 반항'과 달리, 사실 '이유 있는 반항'이었습니다.

'청소년기'라는 말을 듣고 풋풋한 청춘의 설렘을 떠올리는 분들도 있을 겁니다. 하지만 청소년기 자녀를 둔 부모라면, '질풍노도'를 떠올리며 한숨을 쉴 수도 있겠지요.

'질풍노도'란 '강한 바람'과 '성난 파도'라는 뜻으로 청소년기의 격동적인 감정을 표현하는 말입니다. 부모의 말이라면 곧잘 듣던 우리 아이가 어느 순간부터 충동적이고 이유 없는 반항을 할 때, 부모는 어떻게 해야 할지 몰라 당황스럽습니다. 그렇다고 청소년의 '질풍노도'를 단지 '철없음'으로 해석하기는 어렵지요. 청소년기보다 사리분별 능력이 떨어지는 유아기와 아동기에도 이렇게는 하지 않기 때문입니다.

하지만 청소년은 '이유 없는 반항'을 하는 것이 아닙니다. '뇌과학에 근거한 이유 있는 반항'을 하는 거죠. 앞 글에서 언급했듯 청소년기는 전전두엽 피질의 힘이 변연계의 힘보다 약하기 때문입니다.

충동 조절이 잘 안 되는 아이의 부정적인 감정에 똑같이 대응하면 부모 또한 좋지 않은 상태가 되기 쉽습니다. 그러면 어떻게 될까요? 감정이 폭발한 아이와 서로 밀고 당기다가 아이가 부모를 밀치거나 심한 경우 부모에게 폭력을 행사하는 경우가 생기기도 합니다.

그렇게 되면 문제는 대단히 심각해집니다. 부모는 배신감과 함께 심한 충격을 받게 될 것이고, 아이 또한 충동 조절이 안 돼 홧김에 폭력을 행사한 것이지만 부모에게 폭력을 가했다는 것으로 죄책감에 영원한 상처를 안고 살아가게 됩니다.

그러므로 청소년 자녀가 부정적인 감정이 격해졌을 때 부모는 절대 맞대응해서는 안 됩니다.

그렇다면, 부모는 청소년 자녀의 부정적 감정 반응에 어떻게 마주해야 할까요?

첫째, 부모는 전전두엽 역할을 해야 합니다.

청소년 자녀의 부정적 감정 반응으로 부모가 화가 나고 좌절감을 느끼더라도, 그런 감정을 드러내며 자녀를 마주해서는 안 됩니다. 부모가 분노하면 청소년의 뇌는 더 큰 분노로 반응합니다. 따라서 부모는 침착하게 냉정을 유지해야 합니다. 부모가 '차가운 뇌'인 전전두엽의 역할을 보여주어야 합니다.

둘째, 스스로 감정을 가라앉힐 때까지 기다려야 합니다.

부모는 자녀의 부정적 감정 반응에 직접 맞대응하기보다는 사랑과 신뢰의 눈빛으로 조용히 곁에서 기다려주는 것이 필요합니다. 이마저도 어려운 상황이라면 잠시 그 자리를 피하는 것이 좋습니다. 날아오는 불덩어리를 온몸으로 맞을 필요는 없습니다. 청소년의 '뜨거운 뇌'가 식기를 기다리세요.

덧붙이자면, 청소년의 뇌는 감정 파악 속도가 이전 시기보다 오히려 느려짐니다. 청소년기는 감정 파악 속도가 최대 20%까지 느려집니다. 실제 한 연구에서 다양한 얼굴 표정이 담긴 사진을 보여주고 그 사진의 주인공이 어떤 감정 상태인지 말하게 했는데 청소년들은 표정을 정확하게 읽지 못했습니다. 따라서 부모의 안타깝고 걱정스러운 표정조차 청소년 자녀의 뇌는 분노로 느낄 수 있습니다. 그러므로 청소년을 마주하는 부모들의 사랑과 신뢰의 눈빛은 더욱 중요합니다. 이러한 눈빛을 유지하기 어려운 상황이라면, 다시 한 번 더 말하지만, 일단 피하는 것이 좋습니다.

셋째, 논리보단 느낌을 전달하세요.
부모는 아이들을 가르치며 논리적으로 설득하려 합니다. 하지만 청소년 자녀는 논리로 대응해서 설득할 수 있는 존재가 아닙니다. 아무리 논리적인 말도 그들에게는 단지 부모의 잔소리일 뿐입니다. 부모의 잔소리는 청소년 자녀 뇌의 이성적 사고를 경감시키고 오히려 부정적 감정을 악화시킵니다.

또한, 잔소리는 자녀에게 반박이나 논쟁거리를 제공하여 힘겨루기 양상이 되기 쉽지요. 그러나 "그런 말(행동)을 하면 엄마(아빠) 마음이 어떻겠니?"라고 부모의 느낌을 전달하는 것은 효과적입니다. 핵심은 자녀에게 부모의 생각이 아닌 느낌을 전달하는 것입니다. 생각은 청소년 자녀의 몫으로 두는 것이 자녀의 '이성 뇌'인 전전두엽 발달에 도움이 됩니다.

넷째, 감정과 정서는 읽어주고 받아들이세요.

예를 들면, "참 힘들었겠다.", "많이 속상했겠다." 등의 표현으로 감정을 읽어주고 공감해야 합니다. 그래야 자녀가 감정을 쌓아두지 않습니다. 다만 공격적 행동이 동반되는 경우에는, 공격적 행동은 용납될 수 없음을 인식을 시켜주어야 합니다. 이때 화가 난 큰 목소리가 아니라, 낮은 톤으로 힘 있게 단호하게 표현하는 것이 효과적입니다.

또한 필요한 경우 그에 따른 책임을 묻고 합리적인 제재도 있어야 합니다. 그럴 경우에도 선택권을 주는 것이 좋습니다. 예를 들면 "너의 행동에 대해 세 시간 후에 반성문을 쓸 수도 있고, 의견으로 말할 수도 있어. 너는 어떤 것을 원하니?"라고 물어보는 거지요.

자녀를 대할 때 어떤 상황이든 '나는 항상 너를 인정하고 존중한다'는 느낌을 일관되게 전달하는 것이 중요합니다. 들쑥날쑥 감정의 기복이 심한 청소년기일지라도 내 뒤엔 항상 나를 믿고 지지하는 부모가 있다는 걸 느끼는 아이는 곧 스스로 중심을 잡게 됩니다.

U턴 처방전

청소년기는 신체적으로 정신적으로 어른이 되어 가는 과정입니다. 청소년 자녀를 둔 부모라면 자녀의 신체뿐 아니라 뇌와 마음의 발달에 따른 변화를 이해해야 합니다. 청소년기에 성호르몬이 분비되어 '2차 성징'이 나타나는 것이 정상적인 발달과정이듯, 청소년기의 '질풍노도' 역시 뇌와 마음의 발달과정에 나타나는 정상적인 과정입니다.

5장
3

부정적인 명령에 반응하지 않는
청소년의 뇌

부모가 자녀에게 가장 많이 하는 말 중 하나는 아마도 "하지 마라."일 겁니다. 그런데 또 하지 말라고 하면 더 하고 싶은 것이 동서고금을 막론한 청소년들의 공통된 특징이죠. 이것은 아이의 성격 문제가 아니라 청소년 시기의 뇌가 부정적인 명령에 반응하지 않기 때문입니다.

청소년의 뇌는 도파민의 불균형적인 분포가 특징입니다. 전두엽 부분에서는 도파민이 상대적으로 증가되어 있고, 중격의지핵(nucleus accumbens)을 비롯한 보상회로에 도파민이 상대적으로 부족합니다. 전두엽의 도파민 과잉은 임상적으로 조현병 또는 기분이 들뜨는 조증과 연관이 있습니다.

청소년 시기에 전두엽의 도파민이 상대적으로 증가하면, 자신감 넘치고 도전적이게 됩니다. 사려 깊은 생각 없이 바로 충동적으로 행동할 확률도 높아집니다. 눈앞의 긍정적인 면만 보고 후에 초래될 부정적인 결과는 생각을 못합니다. 청소년은 즉, 부정적인 결과보다는 긍정적인 결과에 훨씬 더 큰 의미를 부여하여 '비현실적 긍정주의(unrealistic positivity)'로 가득 차 있습니다. 비현실적인 긍정주의, 일상에서 흔히 쓰는 말로 표현하자면 '근자감(근거 없는 자신감)'입니다.

다른 한편으로는 이 무모한 도전정신이 창조성을 이끌기도 합니다. 역사를 돌아보면, 위대한 천재들과 예술가들은 조현병과 양극성장애(조울증)를 앓은 경우가 많습니다. 대표적 인물로는 17세기 최고의 물리학자이자 수학자, 천문학자인 아이작 뉴턴, 후기 인상파 화가로서 서양 미술사의 거장인 빈센트 반 고흐 등이 있습니다.

2013~2014년에 '청소년표준선도프로그램' 개발연구의 총책임자로서 참여한 적이 있는데, 이 프로그램은 학교폭력 가해자와 비행 청소년을 올바른 방향으로 선도하는 '한국형 정신치유 프로그램'입니다. 이 프로그램을 맡으며 중학교 남학생 네 명을 면담한 적이 있습니다. 학생들에게 이 프로그램에 어떻게 참여하게 되었는지 물어보니 이렇게 대답하더군요.
"길을 걸어가다가 오토바이가 보여 여기서 저기까지 잠시 옮겨놨어요."
아이들의 말을 곧이곧대로 믿는다면 별일도 아닌 거죠. 그런데 함께 온 경찰

관의 말에 의하면 그들은 다른 사람의 오토바이를 타고 2km를 질주했다고 합니다. 이는 절도죄에 해당하고 특히 2인 이상이 합동하여 절도를 저질렀으므로 절도 중에서도 죄질이 나쁜 '특수절도'에 해당합니다.

청소년들은 '근자감'으로 가득 차 있어 눈앞의 즐거운 면만 보고, 후에 자신들이 한 행동이 가져다줄 엄청난 결과, 즉 특수절도죄라는 부정적인 면을 생각하지 못했습니다.

자녀가 문제 행동을 했을 때, 부모들은 대부분 '우리 아이는 그런 아이가 아닌데 친구들과 놀다 보니' 그렇게 되었다며 원인을 다른 사람에게 돌리려 합니다. 자신의 아이가 나쁜 일을 한 것은 나쁜 친구에게 동료압력(peer pressure)을 받았기 때문이라는 것이지요.

동료압력은 '나이, 관심사, 경험, 지위가 비슷한 동료들이 서로 가치관, 신념, 태도, 행위 등에 직접적 또는 간접적으로 영향을 미치는 보이지 않는 힘'을 말합니다. 이러한 동료압력의 영향력은 청소년기에 특히 강하게 나타납니다. 대부분 집단동조의 형태입니다. 예를 들면, 유사한 옷, 말투, 행동양식을 가지는 식이지요.

청소년들의 '근자감'으로 인한 비행 행동이 동료와 함께할 땐, 누가 먼저라 할 것 없이 '상호 폭발력'을 일으킵니다. 혼자일 때는 부정적인 결과에 대해서 조금 인식한다 하더라도, 무리를 지어 다수가 함께할 때는 부정적인 결과에 대해 무시하게 되는 경향이 더 강해집니다. 불법적인 일이 가져다줄 엄청난 결과를 더욱 인식하지 못하는 것이지요.

이러한 동료압력에 관한 흥미로운 연구가 있습니다.
신경과학자 로렌스 스타인버그는 청소년과 어른을 대상으로 가상 운전 게임을 하게 했습니다. 교통신호가 초록색에서 노란색으로 바뀔 때 누가 더 기꺼이 모험을 거는지를 측정하는 실험이었지요. 사고를 내면 참가자에게 벌점을 부여했고요.

혼자 있을 때와 동료가 옆에 있을 때, 모험하는 비율이 어른들은 변화가 없었습니다. 그러나 13~16세 청소년들은 혼자 있을 때보다 동료가 옆에 있을 때 모험하는 비율이 3배 증가했습니다.
경중의 차이는 있겠으나, 자신의 아이가 나쁜 일을 했다는 것은 내 아이, 남의 아이 할 것 없이 서로가 서로에게 나쁜 영향을 증폭시켰기 때문이라 할 수 있습니다.

이러한 뇌의 영향으로 청소년기는 부모들이 보기에 소위 일탈행위가 많습니다. 일탈의 사전적 의미는 "정해진 영역 또는 본디의 목적이나 길, 사상, 규범, 조직 따위로부터 빠져 벗어남" 또는 "사회적인 규범에서 벗어나는 일"입니다. 타인과 사회에 위해를 가하는 청소년의 행위에 대해서는 즉각적이고 합당한 제재가 있어야 합니다.

그러나 청소년기의 모든 일탈을 도덕적 일탈 행위로 바라볼 필요는 없습니다. 청소년기의 대부분의 일탈은 자연스럽고 정상적으로 성장하는 과정에서 발생하는 그 시기의 특징으로 바라보아야 합니다.

일탈이라고 부르는 많은 행위는 거의 청소년기에 시작됩니다. 그러나 이를 방지하려는 목적으로 "그 행동은 후에 부정적인 결과를 초래하므로 안 된다."라고 부정적인 말을 하면 어떨까요? 단언하건대 효과가 없습니다.

예를 들어, 금연교육으로 '담배를 계속해서 피우면 여러 끔찍한 결과가 발생함을 알려주는 것'은 성인들에게는 효과적일 수 있지만, 청소년들에게는 효과가 없습니다.
청소년들에게는 오히려 "담배를 생산하는 회사가 청소년에게 흡연을 세뇌시켜서 돈을 벌려고 한다"는 사실을 알려주는 것이 효과적일 겁니다. 담배를 팔아서 부자가 되려는 어른에 맞선다는 긍정적인 가치에 집중할 때 청소년들이 반응할 수 있습니다. 이는 공중보건 담당자들의 연구로부터 얻어낸 결과입니다.

청소년의 뇌는 도파민이 상대적으로 증가해 있어 부정적 메시지에 반응하지 않습니다. 다시 말해 청소년 자녀에게 "그렇게 하면 후에 부정적인 결과를 초래하므로 안 된다."라는 부정적인 명령은 부모님의 간절한 바람과는 달리 청소년 자녀에게는 효과가 없습니다. 그러니 부정적인 명령 대신 긍정적인 메시지로 바꾸어 말해보세요.

 U턴 처방전

긍정적인 메시지에 그들이 움직인다는 사실을 안다면, 부정적인 명령을 멈춰야 합니다.

뇌를 리모델링할
최적의 기회

사람은 누구나 인정받기를 원합니다. 갓 태어난 아이의 배냇짓도 알고 보면 엄마로부터 인정을 받고 싶은 본능적인 노력입니다. 인정받는 데에만 몰두하는 인정중독증의 경우라면 곤란하지만, 칭찬은 자신의 가치를 인정받는다는 느낌과 함께 자신이 중요한 존재라는 것을 느끼게 해주는 중요한 요소입니다. 칭찬과 인정을 받아야 자존감이 길러지게 되는데 그렇지 못할 경우에는 자존감이 아닌 열등감에 휩싸이게 됩니다.

세계에서 처음으로 자신의 저서를 통해 '사이버네틱스(cybernetics, 인공두뇌학)'란 용어를 창안한 노버트 위너 교수는 열여덟 살에 하버드대학교에서 박사학위를 받은 천재였습니다. 모든 사람이 천재라고 칭송하는데도 그 사실을 믿지 않는 사람이 딱 한 명 있었는데, 그는 다름 아닌 위너 교수 자신이었습니다. 그는 스스로 잘한 것도 없는데 사람들이 괜히 그렇게 말하는 거라고 생각하며 늘 열등감에 휩싸여 있었다고 합니다.

왜 그런 천재가 열등감에 휩싸여 있었을까요?

위너 교수는 어린 시절 학교에 가는 대신 집에서 아버지에게 교육을 받았습니다. 아버지 레오 위너는 천재적 언어학자이자 역사학자로서 20여 개 언어를 사용하는 번역가로 활동했으며, 하버드대학교 첫 번째 슬라브어 교수였습니다. 꼼꼼하고 엄격한 성격의 위너 아버지는 어린 그에게 잘한 일에 대해 칭찬이나 격려는 고사하고, 지적하고 꾸중하고 추궁만 했다고 합니다.

그런 어린 시절을 보낸 위너 교수의 뇌리에는 '나는 형편없는 놈, 나는 잘하는 것이 없는 아이'라는 열등감만 자리 잡게 된 것입니다. 그래서 다른 사람이 다 천재라고 해도 스스로 자신을 믿지 못하게 된 것입니다. 칭찬이 한 사람의 생애에 얼마나 큰 영향을 주는지를 알려주는 일화지요.
위너 교수는 자신의 자서전에서 "정신분석을 통해 겨우 열등감 콤플렉스를 극복하고 자존감을 찾을 수 있었다."고 밝히고 있습니다.

자존감은 말 그대로 자신을 존중하고 사랑하는 마음입니다. 스스로 가치 있는 존재임을 인식하고, 인생의 역경에 맞서 삶에서 성취를 이뤄낼 수 있다는 일종의 자기 확신입니다.

자존감은 인정중독증이나 우월감 콤플렉스와는 다릅니다. 자신을 지탱해 주는 감정의 심지가 굳건하기 때문에 어쩌다 생기는 실수나 다른 사람의 비난에도 바람 앞의 등잔불처럼 흔들리지 않습니다. 또 인생의 굴곡 앞에서도 유연하게 잘 대처해 나갑니다.

칭찬은 자존감을 키워주는 위대한 힘을 가지고 있습니다. 역사 속에서도 칭찬의 위대한 힘을 찾아볼 수 있습니다.

유명한 동화작가 안데르센도 어머니의 칭찬과 격려가 없었다면 존재할 수 없었던 인물이지요. 안데르센이 첫 작품을 내놓았을 때, 그의 글 솜씨를 인정하는 사람은 아무도 없었습니다. 심지어는 글을 쓰지 않는 것이 좋겠다는 혹평까지 받았습니다. 그러나 안데르센의 어머니는 "야, 참 글을 잘 쓰는구나. 조금만 더 노력하면 훌륭한 글이 되겠어."라는 칭찬과 격려를 아낌없이 해주었습니다. 어머니의 말에 안데르센은 용기를 잃지 않고 계속해서 글을 써서 세계적인 동화작가가 될 수 있었습니다.

위너 교수와 안데르센의 예에서 보듯 어린 시절 부모의 말 한마디는 아이의 정체성과 자존감을 형성하는 데 결정적인 역할을 합니다.

청소년의 뇌는 뇌세포(뉴런)와 뇌 회로를 더 튼튼하게 발달시킬 수도 있고 제거할 수도 있는 엄청난 리모델링 과정 중에 있기 때문입니다. 영유아기와 아동기에 놓쳤던 뇌의 기초공사 부족분을 다시 회복할 수 있는 최적의 시기입니다.

이 시기 청소년의 뇌는 가공되어 가는 플라스틱처럼 가변적입니다. 폭발적으로 변하는데, 과잉생산되어 있는 뇌 회로를 정리해 효율적인 뇌 구조를 형성합니다. 가변적인 플라스틱인 청소년 뇌가 굳어져 구체적인 형태를 만드는 것이 정체성(identity)입니다.

이처럼 청소년기는 자신의 본질인 정체성을 자존감으로 채우느냐, 열등감 콤플렉스나 우월감 콤플렉스로 채우느냐를 결정짓게 됩니다. 이는 인생에 있어 매우 중요한 문제입니다.

그래서 청소년기는 1등을 만들기 위한 교육이 중요한 것이 아닙니다. 자신을 존중하고 사랑하는 마음, 다른 사람과 긍정적인 관계를 유지할 수 있는 마음, 인생의 굴곡 앞에서도 유연하게 대처할 수 있는 마음을 키워 자존감을 채우는 시기인 것입니다. 이렇게 우리 자녀들이 자신의 뇌 속에 있는 무한한 잠재력과 가능성을 발견해 행복으로 항해를 할 수 있도록 해주는 것이 부모의 역할이어야 합니다.

앞에서 언급했듯 청소년의 뇌는 부정적인 메시지에 반응하지 않지 않고, 긍정적인 메시지에 반응한다고 했습니다. 긍정적인 메시지의 대표적인 것이 칭찬과 격려입니다. 부모로부터 칭찬, 격려 등 긍정적인 피드백을 받을 경우 청소년 자녀는 '불태' 즉 위태롭지 않게 되고, 건강한 자존감으로 충만한 정체성을 가진 사람으로 성장할 가능성이 높습니다. 부모의 말 한마디가 아이의 인생을 좌우할 수 있다는 점을 명심해야 합니다.

특히 자존감은 부모나 가까운 사람과의 관계, 경험 등에 의해서 형성됩니다. 가까운 관계의 사람들로부터 칭찬과 격려 등 긍정적인 피드백을 받을 경우 건강한 자존감이 충만한 사람으로 성장할 가능성이 매우 높습니다.

비난, 잔소리, 설교, 조롱 등과 부정적인 피드백을 받을 경우 자존감이 결핍된 사람이 되어 사회 부적응자가 될 가능성이 높습니다.

무수한 청소년 학부모 강연을 통해 "청소년 자녀에게는 칭찬과 격려가 인생 최고의 선물이다."라고 목소리 높여 외치지만, "칭찬을 하고 싶어도 도무지 할 게 없다."고 말하는 학부모들도 있지요. 칭찬할 게 없다는 부모의 말은 잘못되었습니다. 부모가 아이에게서 칭찬거리를 찾아낼 인내가 부족할 뿐입니다.

초등학생의 대표적인 정신의학적 질환 중 하나인 주의력결핍과잉행동장애

(Attention Deficit Hyperactivity Disorder, ADHD)의 사례를 하나 살펴 볼까요?

아이가 공부해야 하는 시간 중에도 자리에 앉아 있지 않고 계속 돌아다닙 니다. 잠시도 가만히 있지 못합니다. 어머니가 "돌아다니지 마라."라고 아무 리 제지를 해도 안 됩니다. 부모는 고민과 걱정이 쌓여 가지요.

만약 엄마가 100분 정도 그 아이를 관찰하고 있다고 합시다. 아이는 100분 동안 계속해서 움직이기만 할까요? 그렇지는 않을 겁니다. 적어도 1분은 가 만히 있을 겁니다. 이때 엄마는 99분을 움직이는 아이에게 '왜 가만있지 못 하느냐'는 부정적인 메시지로 지적하지 말고, 가만히 앉아 있는 바로 그 1분 을 칭찬해주면 됩니다.

그 칭찬 한마디를 하기 위해 엄마는 조용하게 무관심한 듯 그러나 초집중해 서 인내심을 갖고 관찰하면서 찰나의 순간을 기다려야 합니다. 그리고 아이 가 1분을 가만히 앉아 있는 바로 그 순간 "가만히 앉아 있으니까 좋구나!", "대단하다!", "잘했어!", "따봉!" 이렇게 칭찬을 해주면 아이는 반응하기 시 작합니다.

산만한 행동에 대한 부정적인 지적이 아니라 긍정적인 행동에 칭찬할 때 아 이는 반응합니다.

U턴 처방전

긍정적인 메시지의 대표적인 것이 칭찬과 격려입니다. 부모로부터 칭찬, 격려 등 긍정적인 피드백을 받을 경우 청소년 자녀는 '불태(不殆)' 즉 위태롭지 않게 되고, 건강한 자존감으로 충만한 정체성을 가진 사람으로 성장할 가능성이 높습니다. 부모의 말 한마디가 아이의 인생을 좌우할 수 있다는 점을 명심합시다.

자녀의 운명을 바꿀
8가지 칭찬법

칭찬과 격려로 청소년 자녀의 운명을 바꿀 8가지 방법이 있습니다.

첫째, 사랑만큼 효과적인 칭찬과 격려는 없습니다.

아이가 살아있음에, 현재 나와 함께 한다는 것만으로도 감사하다는 마음을 가지세요. 아이를 있는 그대로 수용하는 겁니다. 아이가 시험을 쳤는데 지난번에 이어 또 꼴찌라고 해서 맨날 꼴찌만 한다고 야단치면 아이는 절대로 꼴찌에서 벗어날 수 없습니다. 이럴 땐 그냥 조용히 다가가 안아주어야 합니다. 보통 부모들은 지난번보다 발전하면 인정해주겠다는 태도를 보이지요. 하지만 아이들은 있는 그대로의 자신이 받아들여진다고 느낄 때 비로소 변화하고 발전합니다.

둘째, 긍정적이고 열린 마음으로 보아야 칭찬할 것이 보입니다.

부정적이고 닫힌 마음으로는 칭찬할 거리가 보이지 않습니다. 인디언 기우제는 100% 성공합니다. 비결은 간단합니다. 비가 올 때까지 기우제를 지내면 됩니다. 칭찬할 점을 찾을 때까지 끝까지 관찰하세요.

셋째, 청소년기에는 동기와 행동의 보상회로인 중격의지핵의 발달이 활발하고, 이에 비해 위험을 알리는 편도체 발달은 느립니다. 이성적인 판단으로 행동하게 하는 전전두엽의 발달은 더 느립니다. 그래서 어떤 행동에 동기를 부여하기 위해서는 보상이나 칭찬이 가장 효과적입니다. 처벌하거나 야단을 쳐서 위험을 회피하도록 하는 방법은 덜 효과적입니다. 미래를 바라보는 이성적 행동을 하라는 말은 더더욱 잘 안 들립니다.

가장 강력한 보상은 가까운 인간관계에서 오는 칭찬입니다. 만약 어떤 아이가 아버지의 구두를 닦아준다면, 구두를 닦아줄 때마다 즉각 칭찬하세요. 아이는 다음 날도 그다음 날도 행동을 반복할 가능성이 큽니다. 칭찬할 점을 발견하면 즉각 칭찬해주어야 합니다. 만약 지나쳤더라도 그날을 넘기지 않도록 하세요. 한참 지난 칭찬은 강화가 잘 이루어지지 않으니까요.

넷째, 막연하게 칭찬하지 말고, 아이의 '특정한 행동'을 칭찬해야 합니다.

막연하게 "너는 훌륭한 아이다. 너는 정말 착하다."라고 하면 아이는 자기가 왜 칭찬을 받는지 정확하게 알지 못하기 때문에 오히려 멋쩍어하거나 부담을 느낄 수 있습니다. "이렇게 점잖게 가만히 앉아 있으니까 좋다."라거나 "책을 읽고 책꽂이에 가지런히 꽂았네. 책 정리를 잘했구나."라는 식으로 특정한 행동을 칭찬해야 합니다.

다섯째, 가능한 한 공개적으로 소중한 사람 앞에서 칭찬합니다.
낮에 아이가 어머니가 마루를 닦는 것을 도와주었다면 저녁 식사 시간에 아버지 앞에서 이에 대해 한 번 더 이야기해줍니다.
"여보, 오늘 우리 지한이가 얼마나 대견한 일을 했는지 아세요. 마루를 아주 깨끗이 닦았어요."
이렇게 아이에게 소중한 아버지 그리고 가족들이 있는 데서 다시 한 번 칭찬한다면, 이제 마루 닦기는 더 이상 어머니의 몫이 아닙니다.

여섯째, 결과보다는 노력한 과정 또는 가능성을 칭찬하세요.
"와 1등이네, 정말 잘했어!" 또는 "100점이구나 최고야!" 하면서 결과에 대해서만 칭찬하다 보면, 다음에 1등 못 하면 어쩌나 하는 마음에 오히려 불안해할 수 있습니다. 결과 대신 노력한 과정을 칭찬해줍시다. "그동안 공부를 열심히 했구나!" 또는 "지난번보다 발전했네!"라는 식으로 칭찬하는 것이 좋습니다.

성적 이야기가 나왔으니 한마디 덧붙이면 "너는 머리는 좋은데 공부를 안 해서 성적이 나쁘다."라는 말은 안 하는 게 좋습니다. 아이로서는 공부했는데 좋은 성적이 안 나오면 자신의 머리가 나쁜 것이 되므로, 공부하려는 노력을 안 하게 될 수 있습니다.

일곱째, 아이가 실수하거나 실패했을 때, 일이 잘 풀리지 않거나 잘못된 일이 생겼을 때 흥분하거나 질책하지 말아야 합니다.
"힘들었지? 분명 배우고 얻은 것도 있을 거야." 또는 "응원한다. 도움이 필요하면 말해줘."와 같은 힘이 되는 말을 해주세요. 격려의 말이 생각나지 않는다면 그냥 안아주면 됩니다.

여덟째, 청소년 자녀에게 칭찬은 길게 하는 것보다는 짧게 하는 것이 좋습니다.
청소년 자녀도 우리도 길게 대화할 만큼 정서적으로 안정된 상태가 아닙니다. 길게 하려다가 서로가 폭발할 수 있습니다. 밝게 웃으면서 짧게 말하는 것이 좋고, 연습이 충분히 되었다면 시간을 조금씩 늘려도 좋습니다.

 U턴 처방전

자녀들의 칭찬에 관한 한, 우리 부모들이 반성해야 할 점이 참 많습니다. 칭찬은 청소년 자녀도 춤추게 합니다.

아이의 행복 말고
뭣이 중헌디

여러분 <행복은 성적순이 아니잖아요>라는 영화 아시나요? 1989년에 개봉한 작품이니 지금 청소년 자녀를 둔 부모님들은 모를 수도 있겠습니다.

영화 내용은 대강 이렇습니다. 성적이 최하위인 고등학교 2학년 봉구(김보성)는 반에서 1등에다 얼굴도 예쁜 은주(이미연)를 좋아합니다. 늘 공부만 하느라 친구가 많이 없는 은주는 처음에는 봉구의 관심을 외면하지만 봉구의 순수한 열정에 흔들려 마음을 열고 함께 놀러도 다니며 즐거운 시간을 보냅니다. 늘 1등만 하던 은주는 그다음 시험에서 7등을 하죠. 은주의 부모는 7등짜리 성적표를 용납할 수 없습니다. 부모의 차가운 눈초리와 질책에 은주는 아파트 옥상에서 뛰어내리고 말았습니다. 운동장에 은주의 영구차가 있고 텅 빈 은주의 자리에 꽃 한 송이가 놓입니다. 실제 이 영화는 1986년 성적 스트레스 때문에 스스로 목숨을 끊은 여중생이 남긴 마지막 문구를 제목으로 한 것입니다.

이 영화는 당시 성적 지상주의 교육 현실을 제대로 꼬집었다는 호평과 함께 이미연의 미모에 남성 팬심이 폭발하며 큰 화제를 모은 바 있습니다. 30년이 지난 오늘의 현실은 어떤가요? 여전히 우리는 성적을 비관한 청소년들의 자살 소식을 듣고 있습니다.

2022년 교육시민단체 '사교육 걱정 없는 세상'이 초·중·고생 5,000여 명을 상대로 한 설문조사에서 학생 2명 중 1명꼴로 학업이나 성적 때문에 불안하거나 우울한 경험이 있다고 답했고, 성적 스트레스로 자살 생각을 해본 적이 있다고 답한 학생도 4명 중 1명꼴이었습니다.

실제로 스스로 목숨을 끊는 초·중·고생도 늘어가고 있는 추세입니다. 여성가족부와 한국청소년정책연구원이 발표한 '2022 청소년통계'에 따르면, 2010년에는 안전사고가 청소년 사망 원인 1위였습니다. 하지만, 2011년 이후에는 고의적 자해 즉 자살이 계속해서 사망원인 1위를 차지하고 있습니다. 정말 안타까운 일이 아닐 수 없습니다.

부모들은 머리에서 발끝까지 챙겨주는 자녀들에게 무슨 스트레스가 있을까 생각할 수도 있습니다. 그러나 우리나라는 평상시 스트레스를 많이 느끼는 사람의 비율인 '스트레스 인지율'이 성인보다 청소년에게서 훨씬 높은 것으로 나옵니다.

2005년에서 2019년까지 국민건강통계를 살펴보면 성인들의 스트레스 인지율은 20% 후반인 반면, 청소년들의 스트레스 인지율은 35%~46%에 달합니다. 2021년 청소년 통계에 따르면, 우리나라 13~18세의 가장 큰 스트레스는 성적이나 공부(46.5%)가 압도적인 1위였습니다. 우리나라의 아동·청소년 행복지수는 경제협력개발기구(OECD) 나라들 가운데에서 꼴찌입니다.

아이는 성적 때문에 생사를 다툴 만큼의 스트레스를 받고 있는데, 부모가 아이에게 다시 성적으로 과도한 압박감을 준다면, 불 난 데 휘발유를 뿌리는 격입니다.

진료를 하다 보면, "우리 아이 공부 잘하게 해주세요."라고 말하는 부모도 종종 만납니다. 제가 아이들이 공부를 잘하게 해줄 수 있을까요? 혹 그 아이에게 주의력결핍과잉행동장애(ADHD)가 있다면 주의력을 높여주는 치료를 해서, 아이가 실제 공부에 집중하게 된다면 성적이 높아질 수는 있을 것입니다. 축구선수가 다리에 골절을 입어 축구를 할 수 없는 상황이라면, 수술과 재활 치료를 통해 다시 선수 생활을 할 수 있게 해주는 기반을 마련해주는 것과 같은 이치입니다.

실제로 이런 일이 있었습니다. 30명 정도 되는 반에서 20등을 하던 아이가 ADHD 치료를 받은 후 3등을 했습니다. 저는 "○○아! 잘했어, 따봉!" 했는데, 그 아이의 어머니는 1등 못 했다고 아이를 꾸짖는 겁니다. 진료가 끝나고 아이만 먼저 나가게 한 후 어머니에게 물었지요.

"어머니, 학교 다닐 때 몇 등이었어요?"

어머니는 대답을 못했습니다.

"교수님, 성적은 필요 없고 우리 아이가 학교만 갈 수 있게 해주세요."라고 부탁하는 부모도 있었습니다. 가출한 자녀를 둔 부모는 "교수님, 성적 필요 없고, 학교 안 가도 괜찮아요. 집에 들어오게만 해주세요."라고 말합니다.

그런데 아이가 성적을 비관하여 스스로 목숨을 끊는다면 부모의 심정은 어떨까요? 이런 극단적 상황에 비하면 아이의 성적이 좋지 못한 것은 가벼운 일입니다. 그런데도 부모들이 이를 수용하지 못하는 경우를 종종 목도합니다.

전교 1등을 하던 아이가 전교 10등을 했습니다. 성적표를 본 어머니는 화를 참지 못하고 아이에게 말하죠.

"이럴 거면 나가 죽어!"

홧김에 내뱉은 말이지만 그게 어머니의 진심은 아닙니다. 그런데 그 말을 문맥 그대로 해석하는 청소년은 정말로 나가 죽을 확률이 높습니다. 줄곧 언급해왔듯 '뜨거운 뇌'인 변연계의 지배를 받는 청소년의 뇌는 충동적으로 극단적인 선택을 하게 하기 때문입니다. 부모는 자신의 의도를 기억하지만 아이는 부모의 비언어적·언어적 태도를 기억합니다.

한편, 남편의 미운 짓에 화가 난 아내가 똑같이 이렇게 말했다고 해봅시다.
"이럴 거면 나가 죽어!"
아내가 이렇게 말했다고 그 말을 곧이곧대로 들을 남편은 없습니다. 집을 박차고 나갈 수는 있지만 남편은 금방 다시 들어올 것입니다. 왜냐하면 남편은 이성의 중추인 전전두엽이 충분히 발달되어 있어서 아내가 그렇게 말했다고 해도 본심은 아니라는 의도를 알기 때문입니다.

심지어 혹 아내가 진심으로 그런 마음으로 그 말을 했다고 해도 남편의 전전두엽은 상황을 합리화시켜 다시 들어올 것입니다. 괜히 집을 나가면 고생이고 이것은 자신에게 불이익이라는 것을 잘 알기 때문이지요.
결론은 청소년 자녀에게 말을 할 때는 어른에게 하는 것처럼 해서는 안 된다는 것입니다.

왜 자녀에게 '성적'으로 상처를 주면 안 될까요?

사실 학교 공부보다 더 중요한 것은 학교를 졸업한 후, 다양한 일에 도전하고 경험하며 인생을 공부하는 것입니다. 성적에 너무 집착하면 자녀의 현재 행복감도 떨어지지만, 후에 더 중요한 인생 공부를 하지 않게 됩니다. 부모가 자녀의 성장을 가로막는 셈이지요. 극단적인 경우 목숨을 끊는 선택으로까지 몰고 갈 수 있습니다. 부모라면, 자녀에게 중요한 것은 결과로서의 성적이 아니라 과정을 통한 성장이라는 철학과 신념을 가져야 합니다.

 U턴 처방전

성적으로 자녀에게 상처를 주어서는 안 됩니다. 부모가 자녀에게 성적으로 준 상처는 자녀의 자아존중감에 상처를 주고, 자녀의 미래와 행복 모두를 앗아갑니다. 다시 한 번 명심해야 합니다. "아이의 행복 말고 뭣이 중헌디."

좋은 습관 심어줄
뇌과학적 전략

인생은 마라톤입니다. 구간마다 해야 할 과업과 전략이 있다는 말입니다. 청소년기는 열매를 따는 시기가 아니며, 결과를 내야 하는 시기도 아닙니다. 청소년기는 거름을 주는 시기지요. 성적이 높든 낮든, 본인이 하고자 하는 일을 꾸준하게 할 수 있는 습관을 길러주는 시기입니다. 습관은 억지로 만들려고 한다고 잘 되지 않습니다. 하지만 뇌의 습성을 안다면 습관 만들기가 훨씬 쉽습니다.

우리의 뇌에는 대략 약 860억 개의 뇌세포가 있습니다. '뉴런(neuron)'이라고 불리는 이 뇌세포 하나가 대개 1천 개에서 1만 개의 다른 뇌세포와 시냅스(synapse)로 연결되어 있습니다.

영화 〈아바타〉에서 머리끝 촉수로 다른 동물이나 식물과 연결하는 장면이 나오는데, 뇌세포가 연결된 모습이 이와 비슷합니다. 뇌세포는 촘촘하게 손을 잡는 것처럼 연결되어 있습니다.

학령 전기인 만 6세까지 뇌는 과잉생산이라고 할 정도로 시냅스가 급격하게 증가하는 소위 '시냅스 증식(synaptic proliferation)'이 활발합니다. 그런데 7세에서 15세에는 그동안 지나치게 많이 만들어진 시냅스를 필요한 부분만 남기고 제거하는 소위 '시냅스 가지치기(synaptic pruning)'를 활발하게 합니다.
이때 뇌에서 필요하다고 인식하는 신경망은 남기고 뇌가 필요하지 않다고 생각하는 것은 가지치기해서 없애버립니다.

초등학생과 중학생 시기에 본인이 평소 계속하는 일은 뇌에서 굳건한 신경망으로 남고, 하지 않는 일은 뇌의 신경망에서 제거되는 것이지요. '시냅스 가지치기'를 통해서 청소년의 뇌는 뇌조직과 신경망을 더 정교화하는 작업을 합니다.

만약 이 시기에 공부하는 것으로 시간을 보낸다면 공부하는 신경망 위주로 남는 것이고, 운동으로 시간을 보내면 운동하는 신경망 위주로 남는 것이고, 컴퓨터 게임하는 것으로 시간을 보내면 컴퓨터 게임하는 신경망 위주로 남는 것입니다.

'결정적 시기'란 그 시기를 놓치면 절대 불리한 것을 말합니다. 이는 뇌 발달과 밀접한 관련이 있습니다. 청소년 시기는 습관을 형성하는 결정적 시기인데, 이 시기를 놓치면 절대까지는 아니더라도 매우 불리해집니다.

청소년기는 비교적 쉽게 뇌의 리모델링 공사를 할 수 있는 시기입니다. 물론 뇌과학적으로는 성인이 되어서도 새로 시냅스가 형성되기도 하고, 가지치기를 하기도 하지만 초등학생에서 중학생 시절에 제거되지 않고 남아 있는 신경망은 앞으로 인생을 좌지우지할 습관이 됩니다.

이처럼 스스로 신경망을 바꾸는 능력인 뇌신경가소성(neuroplasticity)은 청소년이 성인보다 훨씬 강력합니다. 뇌가 계속 발달하고 있는 청소년의 경우 도파민의 생성과 소멸도 더 쉽습니다. 이때 잘못된 쾌락의 경로가 유지되면 성인이 된 후에는 이를 없애기 힘듭니다. 그래서 청소년기에 형성되는 습관은 중요합니다. 이때 만들어진 습관은 그 효율성과 강력함과 지속성이 최고입니다.

그래서 청소년 시기에는 습관을 기르는 과정이 중요한 것이지, 성적이라는 결과가 중요한 것은 아닙니다. 그렇다면 좋은 습관을 만들어주기 위해 어떻게 해야 할까요?

정말로 자녀가 공부를 잘하게 하고 싶다면, 먼저 아이가 책상 앞에 앉아 있도록 해야 합니다. 처음에는 집중하지 않아도 됩니다. 앉아 있는 습관만 길러지면 나중에는 저절로 됩니다. 매일 컴퓨터 게임에 빠져 있던 아이가 책을 펴고 책상에 앉아 있는 모습을 상상해보세요. 부모님들은 당장 그렇게 되길 바랄 것입니다.

그러나 그게 쉬운 일은 아닙니다. 무슨 말이냐 하면, 부모님들은 아이가 게임하던 습관을 공부로 바꿔주길 바라지만 습관은 바뀌는 게 아니라 대체되는 것이기 때문입니다. 즉 기존의 나쁜 습관을 없애는 것이 아니라 새로운 습관으로 대체하는 것입니다. 예를 들어볼까요?

오래도록 다녔던 산길이 나쁜 습관이라고 가정해봅시다. 그 산길을 가지 않으려면 새로운 길을 만들어야 하는데 얼마나 걸어야 새로운 길이 만들어질까요?

뇌과학에서 이런 새로운 길의 흔적을 내는 데는 21일이 걸립니다. 이 흔적이 길 같은 길이 되려면 앞서 살펴본 것과 같이 평균 66일이 걸립니다. 사람에 따라서는 더 걸리기도 하니까 100일 정도면 새로운 길이 형성된다고 보면 되겠습니다. '100일 기도'가 나온 맥락도 이와 무관하지 않습니다.
즉 좋은 습관을 바꾸려면, 최소 3주, 더 나아가 100일은 지속해야 합니다. 좋은 습관을 기르기 위한 몇 가지 팁을 더 드릴게요.

첫째, 결과를 따지면 안 됩니다.

다시 말해 목표 중심적 사고방식은 안 됩니다. 목표를 이루면 다 이루었다고 생각해 안 하게 되고, 목표를 이루지 못했다면 스트레스를 받아 자존감만 떨어집니다. 목표를 보지 말고 과정을 중히 여기고 꾸준하게 해야 합니다.

둘째, 기존에 형성된 좋은 습관을 연결시키세요.

특정 신호 또는 이미 가지고 있는 좋은 습관과 새로운 습관을 연결시키는 겁니다. 예를 들면, 저녁 먹고 10분 걷기 운동을 하는 것이지요. 현재의 습관에 새로운 습관을 더하는 겁니다. 크게 욕심내지 말고 원래 있던 것에 작은 것 하나를 더한다는 생각으로 하면 훨씬 마음이 가벼울 겁니다.

셋째, 긍정적 보상을 해주세요.

금연이나 다이어트 성공이 어려운 이유는 재미가 없기 때문입니다. 좋은 습관을 만드는 데 재미가 있기가 힘들지요. 나쁜 습관에 재미가 따르는 경우가 많습니다. 그래서 좋은 습관보다 나쁜 습관이 몸에 배기 쉽습니다. 청소년 자녀에게 좋은 습관을 형성하게 하는 최고의 긍정적 보상은 물질적인 보상이 아닌 부모님의 사랑과 칭찬, 격려입니다.

청소년 뇌의 발달 단계를 다른 각도에서 하나 더 설명해보면, 만 6세까지의 뇌세포 벽은 비포장도로에 가깝습니다. 다시 말해 '미엘린'이 없습니다. 미엘린은 뇌세포의 신경 전달 속도를 빠르게 해주지요. 7세 이후에 가지치기를 하면서 '미엘린'화가 됩니다. 비포장도로를 포장도로로 바꾸는 작업을 진행하는 것이지요. 이것을 '수초화(myelination)'라고 합니다. 비포장도로의 뇌세포 벽을 '미엘린'으로 포장도로화하는 것이지요.

청소년기에 습관을 형성하는 것이 중요한 이유는 뇌의 가지치기로 정교화한 신경망에 수초화까지 이루어 향후 인생에 기본이 되는 단단한 '뇌 리모델링 작업'을 하는 시기이기 때문입니다. 그래서 청소년기에 좋은 습관을 기르는 것은 우리 인생이 넓고 단단한 포장도로를 형성하여 향후 인생을 수월하고 시원하게 달릴 수 있게 하는 것과 같습니다.

U턴 처방전

습관을 만드는 데는 때가 있습니다. "청소년기의 1년은 미래의 10년과 같다."라는 말도 있지요. 우리 자녀의 청소년기, 성인이 되기 전 마지막 시간을 어떻게 보낼 수 있게 해야 할까요? 당장의 성적이 중요할까요, 미래의 10년이 중요할까요? 여러분은 부모로서 어떤 선택을 하겠습니까?

마음근력을 키우는 시기이다

부모라면 누구나 자녀가 행복하게 살길 바랄 것입니다. 하지만 알다시피 우리 인생은 크고 작은 난관들에 항상 부딪히죠. 그런 상황에서도 웃음을 잃지 않고 행복을 찾을 줄 아는 사람이 되길 바란다면, 우리 자녀에게 꼭 필요한 교육은 아마도 마음근력을 키워주는 것이 될 겁니다.

물고기는 물이 없는 상태에서 헤엄칠 수 없죠. 물고기가 헤엄치기 위해선 물이라는 저항이 필요합니다. 새는 공기가 없는 상태에서 날 수 없지요. 공기라는 저항이 있어야 합니다. 마찬가지로 인간은 역경 없이 인생을 살 수 없습니다. 인간이 살아가기 위해서는 역경이라는 저항이 필요합니다. 우리는 자녀가 역경에 빠져 허우적거릴 게 아니라, 역경을 두려워하지 않고 도전하며 행복하게 살길 바랍니다. 이때 필요한 것이 역경을 다룰 수 있는 마음근력입니다.

아이에게 자전거 타는 법을 처음 가르칠 때를 생각해봅시다. 아마도 "아빠(또는 엄마)가 잘 잡고 있으니까 마음 편하게 타."라고 말해줄 것입니다. 그러면 아이는 든든한 아빠(또는 엄마)가 잡고 있다고 생각하고 안심하고 자전거를 타지요. 얼마쯤 잡아주던 아빠(또는 엄마)의 손이 자전거를 놓아도 아이가 타는 자전거는 제법 멀리 나아갑니다. 그러다가 아이가 이상한 낌새를 채고 뒤를 보니 아빠가 없습니다. 무서워진 아이는 금세 넘어지고 말지요.

이때 아빠(또는 엄마)는 무슨 말을 해줘야 할까요?
안쓰러운 마음에 "안 넘어지게 조심해야 해."라고 말하기 쉽습니다. 물론 이 말의 의도가 나쁘지 않습니다. 또 틀린 말도 아니지요. 그러나 그렇게 해서는 아이가 자전거를 배우기 쉽지 않습니다. 이 말은 부모의 의도와 달리 아이가 실패를 두려워하게 만들 수 있기 때문이지요.
오히려 "넘어져도 괜찮아. 원래 자전거는 넘어지면서 타는 거야."라고 해주는 게 좋습니다. 그러면 아이는 배움의 과정엔 넘어짐, 즉 실패도 있기 마련이라는 걸 알게 됩니다.

실패를 두려워하지 않아야 도전하는 창조적인 삶을 살 수 있고, 이로써 아이의 인생도 더 행복해집니다. 넘어져도 다시 도전하면서 조금씩 더 멀리 나아가는 '과정의 행복' 그리고 자전거를 마침내 잘 타게 되었을 때 얻는 '결과의 행복'을 알게 되는 거지요.

부모의 역할은 자녀의 끊임없는 '시도와 실패(try and error)'를 격려하고 응원하는 것입니다. 그래서 자녀에게 '반드시 성공해야 한다.'는 집착이 아닌, '실패를 두려워하지 않는 힘', '끊임없는 도전정신'으로서의 마음근육을 길러줘야 합니다.

그런데 현실은 어떤가요?
어떤 부모는 자녀의 실패를 예방하려 애씁니다. 눈앞의 성과를 위해 자녀의 일을 부모가 대신해주거나, 때로 부정행위를 넘어 불법행위까지 저지르곤 합니다. 이렇게 얻은 성과는 자녀에게 무의미할 뿐 아니라 인생의 독이 됩니다. 자녀가 마음근육을 기를 기회를 박탈하고, 부정과 불법으로 얻은 결과에 늘 불안해하도록 하는 독입니다. 사랑하는 자녀를 애초의 바람인 행복한 삶이 아닌 불행한 삶으로 떠미는 결과가 되고 맙니다.

10kg의 아령을 들지 못하는 근력이라면, 10kg보다 무거운 아령은 당연히 들지 못합니다. 마음도 이와 같습니다. 강도 10의 역경을 마주하기 힘든 마음근력이라면 10보다 거센 역경에 쉽게 좌절하게 됩니다.

그러나 힘들더라도 근육 부하 운동을 해서 근력이 세지면, 10kg 이상의 아령도 자유자재로 들 수 있을 것입니다. 실패를 두려워하지 않고 역경을 마주하는 경험이 마음근력을 키울 수 있습니다. 끊임없는 도전으로 마음근력을 단련하면, 살면서 강도 10 이상의 역경을 마주해도 자유자재로 다룰 수 있습니다.

U턴 처방전

청소년기는 성인이 되기 전에 마음근력을 키울 수 있는 중요한 시기입니다. 애초의 바람을 잊지 말아야 합니다. 우리는 부모로서 자녀가 행복하게 살길 바라지요. 사소한 데 승부 걸지 말고, 당장 실패하더라도 자녀가 마음근력을 키울 수 있게 해주세요. 마음근력은 아이의 삶을 역경 너머 행복으로 이끌어줍니다.

국·영·수 너머
세상을 배우게 하려면?

부산에서 서울까지 가는 가장 빠른 방법은 무엇일까요?

실제로 영국의 모 신문사에서 '영국의 한쪽 끝에서 다른 쪽 끝까지 가장 빠르게 가는 방법'을 공모한 적이 있습니다. 독자들은 비행기, 기차, 도보 등 여러 가지 수단과 방법들을 제보했다고 하지요. 1등으로 당선된 답은 무엇이었을까요? '가장 사랑하는 사람과 함께 가는 것'이었습니다.

우리는 이런 질문을 받으면 해결책을 찾는 데 초점을 맞춥니다. 부모들이 자녀를 양육할 때도 마찬가집니다. 자녀의 성적이 낮으면 어떻게든 올리려는 식이지요.

그러나 자녀를 훌륭한 성인으로 길러내는 데 중요한 건 '문제를 해결해주는 것'이 아닙니다. 부모와 자녀의 관계가 깨지지 않게 하는 것입니다.

아이가 시험을 망쳐 성적이 좋지 않으면 여러분은 어떻게 하나요?
"네가 공부를 안 하니까 그렇지. 학원 하나 더 다녀."
"너 때문에 내가 못 살겠다."
"도대체 네가 잘하는 것이 뭐가 있니?"
"이것밖에 못 해?"
"누구 닮아 이러니."

진료실을 찾은 부모님들은 이런 말 안 한다고 하지만, 자녀들은 부모로부터 이런 말을 많이 들었다고 합니다.
저는 마음속으로 넌지시 물어봅니다. 아이가 성적이 낮은 것이 왜 아이의 부모가 살지 못하는 이유가 되는지, 아이의 장점을 찾아보는 노력을 하기라도 한 것인지. 부모의 학창시절 성적이 궁금합니다. 누구를 닮아 그런 걸까요, 부모를 닮지 않았을까요…….

성적이 나쁘면 미래에 어떻게 된다는 식으로 부모는 미주알고주알 설교하지만, 그 말을 들은 아이가 "저를 생각해 그렇게 말씀해주셔서 감사합니다.", "이런 인생의 진리를 알려주시니 고맙습니다." 하고 눈물 흘리는 경우는 없습니다.

자녀 문제에 있어선 '문제 해결'보단 '관계 형성'에 초점을 맞춰야 합니다. 성적이 안 나오면 누가 제일 속상할까요? 청소년 자녀 본인입니다. 부모는 "속상하겠다." 하고 먼저 아이에게 공감해야 합니다. 그리고 "원래 성적이라는 것이 한꺼번에 오르는 것이 아니다."라고 말해주고, 아이가 국·영·수를 넘어 이 세상을 꾸준히 배워나갈 수 있도록 격려해주어야 합니다.

인디언들은 열여섯 살이 되면 성인식을 치른다고 합니다. 2박 3일 동안 간단히 칼 한 자루만 가지고 몇 개의 산과 들에서 자고 먹으면서 주어진 코스를 통과해야 하는 험난한 의식입니다. 이런 경험을 통해 어른이 되어갑니다.

성인식에 참여한 모든 아이들의 어머니는 아이가 주어진 코스를 통과하는 것보다 2박 3일 동안 무사히 돌아오길 정성껏 기도합니다.

아버지는 아이가 아무리 험난한 코스라도 잘 이겨내 성인이 되어 돌아올 마지막 구간에서 기다립니다. 그리고 마침내 아이가 달려오는 것을 본 아버지는 말없이 뒤돌아 무릎을 꿇고 앉습니다. 그러면 아이는 피니쉬 라인에 있는 아버지 어깨를 밟고 통과해 앞으로 뛰어나갑니다. 그걸 본 아버지는 무릎을 꿇고 앉은 채로 "이 앞에 놓인 세상은 이제 너의 것이다."라고 말하며 조용히 몸을 일으킵니다. 드디어 아이는 아버지를 넘어 세상의 주인이 되는 것입니다.

부모는 아이의 학업 성적에 목숨을 걸어서는 안 됩니다. 결과가 나쁘더라도 또 도전할 수 있어야 한다는 인생의 '진짜 진리'를 알려주어야 합니다. 그리고 부모는 아이의 도전을 기다려줘야 합니다. 아이가 살아가다 힘들 때 부모를 찾아와서 인생을 의논하게 하려면, 이렇게 부모와 자녀 간의 신뢰와 사랑을 유지하는 게 무엇보다 중요합니다.

"나의 팔자를 자녀에게 대물림하지 않겠다."는 마음이 간절하다면, 우선 부모 자신의 마음공부부터 해야 합니다. 아이가 문제점 투성이로 보이고, 자신의 걱정을 모두 아이에게 말하고, 아이를 탓하기만 하고, 아이에게 "내가 어릴 때……" 하며 설교하고 아이를 분노로 대해왔다면, 지금 바로 반성하고 자신의 마음을 돌이켜봅시다. 아이가 자신의 삶에 책임감을 가지고 행복하게 살기를 원한다면, 자녀교육을 위한 책을 한 권이라도 읽고, 멘토를 찾아 조언을 구해봅시다. 그리고 그 조언을 실천해보기를 권합니다.

U턴 처방전

예컨대 "공부는 잘 하고 있니?", "학원은 잘 다니고 있니?" "지난번 성적표 왜 아빠(또는 엄마)한테 안 보여줬어?"가 아니라 "아빠(또는 엄마)가 바쁘다는 핑계로 시간을 같이 못 보냈네. 미안하다. 오늘은 너를 위해 시간을 비웠는데 뭐 하고 싶어?"라고 먼저 말해보면 어떨까요? 그다음엔 아이에게 "잘 돼라."고만 하지 말고, 본인이 아이 옆에서 잘 살아가는 모습을 보여주어야 합니다. 최고의 교육은 부모의 모습을 보여주는 것입니다. 아이는 어머니의 가슴에서 사랑을 배우고, 아버지의 뒷모습으로 세상을 배웁니다.

당신의 정신건강은 안녕하십니까?

저는 정신건강의학과, 흔히 '정신과'라 부르는 진료 분야의 전문의입니다. 병원엔 많은 진료 분야가 있지만 정신건강의학과는 30년 전이나 지금이나 여전히 사람들에게 편견의 시선을 받고 있지요.

"왜 정신과(정신건강의학과)를 선택했어요?"

제가 사람들에게 가장 많이 듣는 질문입니다. 스트레스, 불안, 우울이 현대인의 주요 관심사가 될 것을 미리 예견했다는 답을 듣고 싶은 걸까요? 아니면 '오죽하면 정신과를 택했을까?' 하는 위로와 동정심(!)을 담은 질문일까요?

다음으로 많이 듣는 질문은 제 정신 상태에 관한 것입니다.

"정신과 의사의 정신건강은 어떤가요?"

내과에 진료받으러 가서 내과 의사의 신체건강 상태를 궁금해하진 않을 텐데, 왜 유독 정신과 의사에겐 이런 걸 궁금해할까요?

정신과 의사는 정신과 환자들을 상대하다 보면 일종의 직업병처럼, 의사도 환자와 비슷한 상태가 되지 않을까 생각하는 사람들이 꽤 있습니다. 불안증 환자를 계속 대하다 보면 의사도 불안해하지 않을까, 혹은 우울증 환자를 계속 대하다 보면 의사도 자기도 모르게 우울해지지 않을까 하는 생각. 나아가 의사의 정신 상태가 환자와 비슷해져야 치료를 더 잘할 수 있지 않나 하는 것인데, 그들 나름으로는 합리적인 의심이라 생각하겠지요.

그렇다면 마약 중독 환자를 치료하는 의사는 환자를 더 잘 치료하기 위해 마약 중독자가 되어 봐야 할까요? 물론 아닙니다. 참고로 마약 중독 치료도 정신과 의사가 합니다.

폐암을 치료하는 의사는 폐암에 걸려야 할까요? 폐암에 대한 지식과 지혜를 더 많이 축적하여 오히려 폐암에 걸릴 확률이 더 적어질 거라 생각해야 하지 않을까요?

또 한편으로, 정신과 의사는 모든 사람의 마음을 다 꿰뚫어 볼 수 있는 '족 집게' 역술인처럼 오해받기도 합니다.

'황혼 이혼'이 사회적 이슈가 되던 즈음, 어떤 할머니가 진료실에 오셨습니다. 어떻게 오셨는지 물었는데 아무런 대답이 없더군요. 귀가 어두워서 말을 잘 알아듣지 못하시나 싶어 큰 소리로 다시 물어봐도 역시 아무 말이 없었습니다. 말없이 한참을 앉아 계시던 할머니가 이렇게 말했습니다.
"그걸 말하면 되나? 치료비를 받으려면 묻지 말고 알아맞혀야지!"

이혼에 대해 한참을 고민하다가 점을 보러 가는 대신에 정신과로 왔다는 사실을 파악하기까지는 꽤 시간이 걸렸습니다. 진료 후 "가슴에 얹혀 있던 돌 하나를 내려놓은 것 같다."며 밝은 표정으로 병원을 나섰던 그 할머니, 몇 달 후 부군과 잘 지내고 있다고 하신 걸 보면, 점 보러 가는 대신 정신과 의사를 찾은 것은 탁월한 선택 아니었을까요.

정신과 의사를 사람의 마음을 꿰뚫어 볼 수 있는 초능력자로 보는 이런 에 피소드는 그리 드물지 않게 겪는 일입니다. 병원 밖 일상에서 만난 사람들과 대화를 잘 나누다가도 제가 정신과 의사라는 걸 알고 나면 자신의 속마음을 들킬까 싶어 입을 굳게 다무는 분도 있습니다.

정신과 의사는 정신건강이 좋지 않은 사람도 아니고 사람의 마음을 꿰뚫어 볼 수 있는 초능력자도 아닙니다. 정신과 의사는 완전한 정신건강의 소유자도 아닙니다.

저는 환자를 통해 제 자신의 미숙함과 건강하지 못함을 보고, 그 속에서 깨우칩니다. 그리고 스스로 정신건강을 위해 노력할 뿐이지요. 우리 모두 완전한 정신건강의 소유자는 아니므로, 어떤 면에서는 우리들 모두 정신과 환자라 할 수 있겠습니다.

그렇다면 정신이 건강한 사람은 어떤 사람일까요?

굳이 정의해야 한다면, '성숙한 인격의 소유자' 정도로 표현할 수 있지 않을까요? 부처님, 예수님, 공자님 같은 성인들은 완전한 정신건강을 가진 분들이겠지만, 보통 사람들이 그런 경지에 도달하는 건 요원한 꿈이지요.

우리네 보통 사람들의 정신건강을 재는 기준은 무엇이어야 할까요?
자신의 정신이 건강하지 못하다는 점을 알고 있고, 그래서 이를 위해 노력하는 사람이라면 정신이 건강한 사람이라고 보아도 좋다고 생각합니다. 인격 성숙을 향해 나아가는 과정으로서의 정신건강이지요. 건강을 찾고 지키려는 의지만으로도 충분히 건강하다는 뜻입니다.

어떻게 하면 정신이 건강해질 수 있을까요?
그 출발점은 자신의 인격 성숙이 완전하지 못함을, 다시 말해 자신의 인격이 불완전하다는 것을 인정하고 수용하는 것이라고 생각합니다. 우리는 완전한 인격 성숙을 이루지 못했으므로, 우리의 정신은 더 나은 성장을 위해 여백이 남아 있으니, 이 얼마나 축복인가요.

누가 더 잘났고 못났는지 남과 비교하기보다 우리 자신을 들여다보아야 합니다. 남과 비교한 성공이 아닌, 어제의 나보다 더 나은 오늘, 자신의 성장을 위해 나아가야 합니다. 그 성장 과정에서 우리는 인생의 참다운 기쁨과 행복을 누릴 수 있습니다.

이제 제가 정신건강의학과 의사로서 여러분께 물어보겠습니다.
"여러분의 정신건강은 안녕하신가요?"
"여러분은 스스로의 정신건강을 위해 얼마나 노력하고 있나요?"

신체건강을 위해 노력하는 사람은 많지만 정신건강을 위해 노력하는 사람은 많지 않습니다. 왜 정신건강에 대한 노력은 상대적으로 등한시할까요?

지금까지 우리는 정신건강을 위한 방법을 너무 멀리서 찾아왔습니다. 하지만 진리는 평범한 데 있는 것처럼, 정신건강도 우리의 일상 속에 있습니다.

우리는 정신과에 대한 많은 편견을 갖고 있습니다.
정신과는 정확하게 말하면 정신건강의학과(精神健康醫學科)입니다. 정신과에서 정신건강의학과로 2011년에 명칭이 바뀌었습니다. 진료과 명칭을 정신건강의학과로 바꾼 이유는 현대 사회에서 그 중요성을 더하고 있는 '정신건강'의 개념을 강조하고자 했기 때문입니다.

이러한 노력에도 불구하고 불행히도 우리는 여전히 정신건강의학과에 대한 부정적인 편견을 갖고 있습니다. 과거에 비해 인식이 많이 달라졌다고는 하지만, 아직도 정신건강의학과 치료를 받으면 모두 조현병(구 진단명, 정신분열병)과 같은 정신병(psychosis) 환자라고 생각하는 경우가 많지요.

내과 치료를 받으면 모두 중병(重病) 환자라고 생각할까요? 아닙니다. 감기 때문에 갈 수도 있고, 건강검진을 위해 갈 수도 있습니다.

정신건강의학과도 마찬가지입니다. 수면장애, 불안장애, 우울장애 등 여러 정신질환(mental illness)의 치료뿐만 아니라 스트레스 상담, 부부상담, 자녀교육 상담, 진로 상담, 정신건강검진 등 수백 가지의 경우가 있습니다.

정신건강의학과 진단을 받으면 정신질환이 있는 것이고 받지 않으면 정신질환이 없다고 생각하는 것도 편견입니다. 혈압이 높은 사람이 고혈압 진단을 받은 적이 없다고 정상 혈압일까요? 진단이란 병을 치료해 건강을 회복하기 위한 지혜로운 과정 중 하나입니다.

병이 있을 때 전문의의 도움을 받을 것인지 혼자서 극복하려고 애쓸지는 스스로 선택할 문제입니다. 그러나 병이 건강을 해치는데도 치료적 도움을 받지 않는 것은 지혜롭지 못한 처사입니다. 정신건강의학에서는 '다른 사람에게 도움을 받을 수 있는 능력도 정신이 건강한 것'이라고 봅니다.

정신질환은 나와 무관할까요?

많은 사람들은 정신질환이 나와 무관하다고 생각하고 싶어 합니다. 또 정신질환은 드문 병이고 쉽게 발생하지 않는 병으로 생각합니다.

그런데 '2016년도 정신질환 실태 역학조사'에 의하면, 우리나라 18세 이상 성인의 주요 17개 정신질환에 대한 평생 유병률은 25.4%로 분석되었습니다. 평생 유병률은 평생 동안 한 번 이상 정신질환에 이환되는 사람의 비율을 의미하는데, 25.4%라는 건 4명 중 1명이 주요 17개 정신질환을 평생에 한 번 이상 경험한다는 말입니다. 그만큼 정신질환은 흔한 병입니다.

그러나 실제 정신질환의 평생 유병률은 이것보다 훨씬 높습니다. 왜냐하면 우리가 현재 주로 사용하고 있는 정신질환의 진단 기준인 '정신질환의 진단 및 통계 편람 5판(DSM-5)'에 의하면 300여 개의 정신질환이 있는데, '2016년도 정신질환 실태 역학조사'는 조현병 및 관련 장애, 양극성장애(조울증), 주요 우울장애, 공황장애, 범불안장애, 외상후스트레스장애, 강박장애 등 주요 17개 질환만 조사했기 때문입니다.

여러분, 질환은 나와 무관할까요? 우리가 신체를 가지고 살아가고 있는 한, 신체의 문제가 없을 수 없습니다. 인간이 정신을 가지고 살아가고 있는 한, 정신의 문제 즉 마음의 문제가 없을 수 없습니다. 우리는 누구나 생로병사를 겪게 됩니다. 이 세상에 태어난 이상 이를 피할 수는 없습니다. 신체든 정신이든 모두 내가 돌봐야 할 소중한 나이기에 예방과 치료, 재활을 피하지 말고 정성을 다해야 합니다.

디지털 시대가 현대인들에게 신생활 문화를 선물했지만, 더불어 건강의 적인 스트레스를 가중시키고 있습니다. 스트레스는 요즈음 현대 의학에서 가장 큰 화두 중 하나죠. 스트레스를 잘 관리하지 못하고 방치하면 불면증, 불안증, 우울증 온갖 정신적 질환뿐만 아니라, 고혈압, 심장병, 당뇨병, 심지어 암 등 온갖 신체적 질환이 발생합니다. 스트레스는 만병의 근원입니다.

제가 2006년 ~ 2007년 미국 하버드의대 메사추세츠 종합병원 (Massachusetts General Hospital, MGH) 우울증임상연구프로그램 (Depression Clinical Research Program, DCRP) 연구원으로 있을 때, 심신의학의 대가 하버드 의과대학의 교수인 허버트 벤슨 박사의 프로그램을 연수한 바 있었습니다.

허버트 벤슨 박사는 병원을 찾는 환자의 25%만이 약물치료, 수술 등 의학적 치료가 필요한 질병이고, 나머지 75%는 심신의학을 통해 심신관리를 잘하여 자가 치유력을 높이면 나을 수 있는 환자들이며, 심지어 의학적 치료가 필요한 25%의 환자들조차도 심신의학을 통해 심신관리를 잘하여 자가 치유력을 높이면 더 큰 의학적 치료 효과를 거둘 수 있다고 강조했습니다.

신체적인 질환이든 정신적인 질환이든, 병에 걸리면 그에 합당한 치료적 도움을 받아야 합니다. 그러나 그 어떤 치료도 신체건강과 정신건강의 근본적인 해결책은 아닙니다. 병에 걸리면 치료가 필요하지만, 근본적으로는 치유여야 합니다.

그렇다면, 치유는 무엇일까요?
우리가 흔히 사용하는 치료와는 어떤 차이가 있을까요?
치료는 의사가 병을 고치려고 하는 행위를 말하고, 치유는 자기 스스로 병의 근본적인 원인을 알고 병의 원인을 낫게 하는 활동을 말합니다. 치료는 질병을 가진 환자가 대상이고 전문가에게 위임될 수 있으며, 치료를 받는 특정 기간의 개념입니다. 반면 치유는 우리 모두가 대상이고 위임될 수 없으며, 자신이 일생 동안 지속하는 평생 과정의 개념입니다.

신체가 건강하려면 어떻게 해야 할까요?
심신의학에서 말하는 치유 처방, 운동도 하고 좋은 식이 습관을 위한 노력도 필요합니다. 운동 처방전과 식이 처방전은 소위 생활습관병인 당뇨병과 고혈압 환자만을 위한 것은 아닙니다. 누구나 자신에게 맞는 운동 처방과 식이 처방을 받고 평생 실천하는 것이 치유입니다.

정신이 건강해지려면 어떻게 해야 할까요?
심신의학에서 말하는 치유 처방, 스트레스 관리 즉 마음 관리를 위한 노력이 필요합니다. 마음 처방전은 정신질환자만을 위한 것은 아닙니다. 누구나 자신에게 맞는 마음 처방전을 받고 평생 실천하는 것이 치유입니다.

우리는 살면서 마음의 상처를 받지만, 마음의 상처를 마주하는 방법을 제대로 배워본 적이 없습니다. 그런 우리들에게 마음 처방전은 건강을 위한 치유를 넘어 인생의 지혜입니다.

이 책을 통해 여러분에게 정신과 전문의로서 우리들의 인생을 행복으로 나아가게 해주는 마음 출구의 방향을 제시했습니다. 물론 노력은 온전히 스스로의 몫입니다.

마음출구 있음_YOU TURN
힐링닥터 사공정규의 유턴처방전

초판 1쇄 발행	2023년 9월 21일

지은이	사공정규
펴낸이	신민식
펴낸곳	가디언
출판등록	제2010-000113호

CD	신현숙, 김안빈
마케팅	이수정
디자인	미래출판기획

종이	월드페이퍼(주)
인쇄·제본	(주)상지사P&B

주소	서울시 마포구 토정로222 한국출판콘텐츠센터 401호
전화	02-332-4103
팩스	02-332-4111
이메일	gadian@gadianbooks.com
홈페이지	www.sirubooks.com

ISBN	979-11-6778-100-0(03180)